천국은 가득차고
지옥은 텅텅 비어라

천국은 가득차고 지옥은 텅텅 비어라

지은이 이동휘
초판발행 2009. 3. 25
등록 2007년 8월 29일 제466-2007-000035
발행처 도서출판 바울선교회
주소 전주시 덕진구 금암1동 1556-6번지
Tel (063)254-8418
Fax (063)254-8417

* 책값은 뒤표지에 있습니다.

독자의 의견을 기다립니다.
http://www.bauri.org
e · mail: tpmk86@naver.com

목회칼럼 4

표지디자인/유진우

세상을 향한 주님의 갈망

천국은 가득차고 지옥은 텅텅 비어라

차례
CONTENTS

여는글 천국은 가득차고 지옥은 텅텅 비어라

제1부 선교 낙수 세 번째 이야기.....13

빚쟁이인가? 부자인가? | 가짜 목사 | 신비한 교인 | 이후에는 알리라 | 선교의 경호원들 | 당회원? | 실패한 일이라면 얼마든지 말하겠다 | 동휘 오빠 | 구백구십구당(999당)과 세계 | 재미있는 지옥, 재미없는 천국? | 꽃으로도 선교사를 때리지 마라

제2부 예수님의 영성으로.....49
-바울선교 회지 머리글-

시한부 인생 | 오직 예수님께 집중 | 예수님은 노숙자였다 | 당신의 몫이 있다 속히 감당하라 | 기념비를 세우는 자와 기념비적 생애를 사는 사람 | 무기력에서 예수님의 영성으로 | 예수님은 먹히신 분 | 너를 내 옥새로 삼겠다 | 가이사랴에 고넬료란 사람이 있으니 | 온도계와 온도조절기 | 당신의 또 다른 이름은 무엇인가 | 영적 안테나를 높이 세우라 | 무차별 공격에 무차별 공격을 | 용서하라 그리고 자유인이 되라 | 2등 정신 | 하나님의 군대 같았더라 | 너희 행위에는 상급이 있느니라 | 너의 성냄이 어찌 합당하냐 | 왕께 구하는 것은 다 받는 사람 | 상달(上達) | 어찌하여 이렇게 행하였느냐 | 우선순위 제 일 번부터 | 천국 배우가 되라 | 고개 숙여라! 점수 깎일라 | 보다 더 값진 보화를 가진 자 | 부흥이여 어서 오라 | 천국 이민 알선업자 | 세상에 속한 사람 그러나 소속되지 아니한 사람 | 분수에 지나치다 | 지정의(知情意)를 겸비한 인격자 | 총사령관의 군령(軍令)을 따르라

제3부 길거리 선교사로 127
-바울선교회 캠페인-

더 아름답게 하자 | 길거리 선교사가 되자 | 여행하면서 중보기도 하자 | 거리의 휴지를 줍자 | 교회 단체 여행은 찬양을 부르면서 | 자동차 사고 순간에도 얼굴에 웃음을 띠자 | 버스나 기차 여행 때 교회 이야기 하지 말자 | 음식점에서 음식 타령 하지 말자 | 커닝하지 말자 | 선교사와 함께 기도하자 | 도둑질 하지 말라 | 건전한 고민을 드리는 효도 | 후원교회는 전방의 선교사를 깊이 생각하자 | 인터넷에 복음을 전하자 | 상업 광고 방송에 현혹되지 말자 | 욕설을 하지 말자 | 이단을 배격하자 | 요가, 명상 등은 기독교 신앙에 위배된다 | 성도는 2부 예배까지 드려야 한다 | 달란트 장사꾼이 되자 | 이차회의를 하지 말자 | 자녀에게 복을 남기고 가는 부모가 되자 | '예수님' 이라고 부르자 | 신앙 생활 중에서 가급적 바른 용어를 사용하자 | 가난과 질병 중에 있는 형제들을 기억하자 | 신입사원 모집에 기독교인을 우선적으로 뽑도록 | 예배 드리러 교회 간다 | 단기선교는 장기선교사와의 협력 하에 | 남은 두 달 동안 본격적인 회개를 하자 | 저녁예배 시간을 활성화하자 | 내게 주신 은사에 따라 충성하자 | 기념교회를 세우자 | 단기팀을 맞이하는 선교사의 효과적인 준비 | 미국을 위해 기도하자

제4부 강단과 삶의 현장에서 181
강단은 예수님을 홍보하는 선전장 -설교자가 설교

자에게-.....183
설교자는 예수님 이야기를 많이 해야 한다 | 강해설교가 가장 성서적 설교이다 | 본문을 암송했다 | 설교는 설득적 선포이다 | 기도의 무릎이 설교의 성패를 좌우한다 | 설교보다는 설교자가 더 중요하다 | 설교준비에 애타는 수고가 있어야 한다 | 감정이 아닌 감동시키는 설교를 | 설교의 길이는 핵심을 전달하고 소화할 수 있는 범위를 | 전도와 설교할 수 있는 충동을 | 설교자의 영광은 크고 크다

쌍벽을 이루는 초대교회의 향기 -예루살렘교회와 수리아안디옥교회의 특징-.....193
예수님을 닮은 교회성도였다 | 환란 중에 세워진 교회이다 | 사랑으로 하나된 교회이다 | 금식하며 기도하는 교회이다 | 하나님의 뜻에 절대 복종하는 교회이다 | 교회 지도자의 인품은 뛰어났다 | 날로 부흥하는 교회였다 | 선교하는 교회이다 | 구제하는 교회이다

예수님께서 전주안디옥교회를 설립하셨다.....197

직장선교회의 역할.....200
하지 말아야 할 것 | 직장선교 회원을 제자화하라 | 직장동료 구원 | 전도전략 | 직장 문화를 기독교 문화로 | 회사의 번영을 위해 기도하고 앞장서라 | 직장선교사가 되라

하나님께서 마련해 주신 행복한 가정에서 산다.....205
가정의 창설자는 하나님 | 자녀는 하나님이 주신 소중한 선물 | 부모 공경은 하나님의 명령

제5부 행복한 이유가 있습니다.....213
-전북일보에 기고한 나의 이력서-

일본 탄압에 맞선 교회 | 교통사고 | 늦깎이 입학의 의미 | 우리 형님 | 선교바자회 | 그들이 행복한 이유 | 해외 나가는 선교사 | 선교사가 하는 일 | 어떤 것이 더 손해일까? | 믿음

| 여는글 |

천국은 가득차고 지옥은 텅텅 비어라

"하나님은 모든 사람이 구원을 받으며 진리를 아는데 이르기를 원하시느니라"(딤전 2:4). 인류 전체의 구원을 열망하시는 하늘 아버지의 심정이십니다. 자녀들이 많다고 하여 어디 한 아들인들 파멸하기를 원하는 아버지가 있겠습니까? "나 주 여호와가 말하노라 내가 어찌 악인의 죽는 것을 조금인들 기뻐하랴 그가 돌이켜 그 길에서 떠나서 사는 것을 기뻐하지 아니하겠느냐"(겔 18:23). 혼인 잔치로 비유된 천국 모습은 가히 감동적입니다. 이미 초청된 사람들은 매정스럽게도 잔치에 등을 돌려 호의를 저버리고 밭으로, 일터로 나가 버립니다. 격노한 주인은 종들에게 시내와 거리와 골목으로 흩어져 가난한 자, 병신들, 소경들, 절뚝발이들을 데려오라 명하십니다. 데려다가 채웠으나 아직도 자리가 비었다는 보고를 합니다. 주인은 또 다시 내보내며 강권해서라도 자리를 가득 채우라고 독촉하십니다. 인간 구원에 열망을 가지신 하나님의 거룩한 열심을 보게 됩니다. 일백 수의 양 중 한 마리만 잃어도 "찾도록 찾는" 애절한 마음을 천국 아버지는 품고 계십니다. 천국이 가득 차고 또 차서 대만원이기를 바라는 욕심 많으신 어버이십니다. 그러나 현실은 불행스럽고 썰렁하기만 합니다. 천국 문을 향한 영생 길은 좁고 그 수는 가엾게도 소수일 뿐입니다. 세계 인구의 10%만이 이 생명 길의 순례자로 섰습니다. 반면에 지옥문을 향하는 멸망 길 걷는 행렬은 떼를 이룬 상태입니다. 거기다가 천국 크리스천들까지도 겨우 주일 상품 구입을 위해 예배드리는 교회의 고객으로 안주하고 있습니다. 치열한 영적 전투에 응원만 가끔 할 뿐입니다. 기어코 전쟁에 이기려는 승부욕을 가지지 않는 모습입니다. 추수꾼으로 동원되지 않은 채 버티고 있습니다. 주님께 대해서도 자기 보호구역을 엄격히 지키려 합니다. "누가 우리를 위해 갈꼬" 계속 외치지만 '이사야' 한 사람과 소수만 답변하고 나서고 있습니다. 주님의 서글픈 모습에 민망할 정도입니다. 이런 상태가 절대로 계속 되어서는 안 됩니다. 1907년 평양에서 일어났던 세계적인 부흥이 다시 폭발해야 합니다. 그때에는 교회마다 회개 운동으로 울음바다가 되었고 삼천리 방방곡곡 교회당마다 차고 또 넘쳤습니다. 부흥 이전에 있었던 20여 명 선교사들의 한국교회에 부흥을 주시라는 4개월간의 애절한 기도가 불씨가 되었다는 사실도 잊어서는 안 됩니다. 1904년 영국 웨일즈에서 일어났던 부흥도 같은 이치입니다. 탄광촌의 도덕적 타락을 염려하는 노인들의 모닥불 기도 모임이 시발이 되어 영적 각성운동이 회리바람처럼 불어온 것입니다. 바람은 절대로 잠자는 법이 없습니다. 또 다시 구라파에서 대 각성 운동이 일어나고, 중동에서는 모슬렘 철벽이 와르르 무너지고, 미국은 무디 시대로 봄맞이하고, 아프리카는 리빙스턴과 슈바이처로 가득차고, 아시아는 우상들이 불에 던져지는 통쾌한 사건들이 터져야 합니다. 영토를 빼앗긴 사단의 통곡 소리를 들어야 합니다. 지옥이 텅텅 비어 있는 모습을 보아야 합니다. 천국이 메워지도록 가득 차서 하나님을 웃겨 드려야 합니다.

  이 천한 글이 이 목적에 극히 작은 보탬이라도 될까 하여 염치없이 세상에 내밀어 봅니다. 우리 주님께 누(累)가 될 줄 알면서도 글도 아닌 글자 쓰기를 해 봅니다.

  편집위원들의 각고에도 고마울 뿐입니다. 할렐루야!

이동휘 목사

제1부

선교 낙수 세 번째 이야기
(선교와 목회 사이에서)

빚쟁이인가? 부자인가?

안디옥교회당은 군산 비행장 격납고를 옮겨 지은 콘센트 건물에서 육백만 원 전세금을 내고 예배드리는 것으로 시작했다. 당시 이곳은 개발지역으로 이층이나 삼층 건축물이 전혀 없는 황량한 들판이었다. 설립 육 개월쯤 지나 그 건물이 다른 사람에게 팔려 갑자기 예배처소를 잃게 되었다. 함석 밑 교회당 건물이 여름 더위에 뜨거울 대로 뜨거워졌을 때 그 앞을 지나가던 제약회사 사장이 약을 말리는 공간으로 사용하면 좋을 것이라 생각하고 구매했다고 한다. 하루아침에 예배처소를 잃게 되어 갈 곳이 없는 처지가 되었다. 우리는 은행에서 어렵게 대출받아 간신히 그 건물을 다시 구입했다. 원가보다 훨씬 고가를 주고 예배처소를 회복했을 뿐 아니라 그때부터 빚쟁이 교회가 되었다. 교회 재정의 70% 정도를 선교비와 구제비로 지출하고 교역자의 생활비가 제공되고 나면 남은 돈은 거의 바닥나는 상태였다. 주일학교나 찬양대를 위시한 교회내 모든 기관을 자립하도록 하여 교회운영비 부분은 처음부터 적은 액수로 지탱하고 있었다. 교회가 성장하면서 성전을 넓히고 대지를 구입하고 교육관을 건축하고 목사관을 구입했다. 그때마다 은행에서 대출을 받아야만 했다. 이것이 아예 관습이 되어 으레 대부받고 상환하는 생활이 반복되었다. 안디옥교회 23년 목회 중 땅 사고 집 짓고 하기를 33번이나 하였다. 미국 사회에서는 집을 사거나 자동차를 구입하더라도 은행에서 대부받아 구입하는 것이 일상이 되었기 때문에 자연스러운 일이지만 한국적 상황에서는 듣기 싫은 빚이었다. 매달 상환되는 이자는 다행히 큰 지장 없이 지불할 수 있도록 하나님의 배려가 있었으므로 '이렇게 지내다가 예수님께서 오시면 원금은 갚지 않아도 된다'는 유머를 나누면서 별 어려움 없이 교회 일을 감당했다. 드디어 원로목사가 되고 목회 은퇴를 하면서 모든 것을 물려주게 될 때 부채도 25억 원 정도를 물려주고 나오게 되었다. 드디어 절망감이 엄습해 왔다. 23년 목회에 얼마나 무능했으면 거액의 빚을 물려준단 말인가. 목회자로서 패배감까지 느꼈다. 빚 없이도 선교나 목회를 풍부하게 해 온 훌륭한 분들에 비해 한없이 초라한 내 자신의 모습에 부끄러움을 느꼈다.

은퇴하자마자 하나님께서는 나를 집회로 몰아주셨다. 외국 집회는 평균 한 달에 한 번 꼴로 나가게 하셨고 기타 국내집회로 계속 사용하여 주셨다. 은퇴 첫해에 미국집회를 일 년에 네 차례 인도하면서 하나님의 신비를 깨달았고 답을 얻었다. 미국 교민교회는 하나님의 은혜로 부흥되어 교회당 건물을 준비할 경우 미국인 교회당을 매입하거나 새로운 부지에 신축하는 축복을 누리게 된다. 대부분의 교회들이 은행의 대부를 받아 아주 쉽게 교회당 건물을 장만한다. 20년 혹은 30년 상환의 은행돈을 빌려 순조로운 성전마련의 기쁨을 누리는 것을 볼 때 한국의

3년 만기 대출기간과는 너무나 다른 좋은 조건이라는 생각과 함께 부러움을 느꼈다. 반면에 건축이 끝난 한국 교회들은 과중한 은행상환에 시달려야 하고 그런 이유로 선교할 수 없다는 결론을 내리는 교회가 상당수임을 발견했다. 이런 교회에 선교 메시지를 전할 사람은 바로 내가 적격이었다. 이미 과중한 빚이 있다하여 중병에 걸린 자식의 수술비를 댈 수 없어 죽게 방치하는 부모가 어디 있단 말인가? 빚이 더 늘어난다 해도 그것을 기꺼이 감내하며 수술비를 마련하는 것이 부모의 마음 아닐까? 선교는 죽어가는 사람을 살리는 일이니 빚 문제는 하나님께 맡기고 지체 없이 선교하라고 하실 것이다. 전주안디옥교회가 과중한 빚 속에서도 선교를 해왔다고 역설할 수 있는 자격을 주시기 위해서 일찍이 빚쟁이가 되게 하심을 깨달았다. 개인적 환경이나 자라온 배경으로 봐서는 빚져본 일도 없고 빚과는 전혀 상관없이 살아온 나에게 안디옥의 선교에는 처음부터 부채 속을 헤쳐 나가야 하는 일생을 주신 하나님의 신비에 대해 "나의 가는 길을 오직 그가 아시나니 그가 나를 단련하신 후에는 내가 정금 같이 나오리라"(욥 23:10)는 말씀을 비로소 깨달은 것이다. 그렇다. 빚쟁이가 되게 하시면 깊은 뜻과 목적이 있어서 하시는 일이므로 즐거이 따라야 할 것이고, 풍부히 주시면 또한 나누며 살면 될 것이다. 우리의 일생이 모두 주님의 손에 달려 있음을 깨달았다. 지나 놓고 보면 결국 거부(巨富)의 길임을 알았다.

가짜 목사

　사도 바울의 전도지역을 세밀히 살필 수 있는 기회를 모처럼 얻어 성경에 기록된 지명을 따라 답사한 일이 있었다. 그전에 '예수님처럼 바울처럼 살 수 없을까!' 하는 복음성가를 사모하는 마음으로 불렀지만 사도 바울의 흔적을 본 후로는 차마 부를 수가 없었다. 그 넓은 지역을 그것도 가는 곳마다 감옥과 매 맞음으로 여행일정이 박해의 연속이었는데도 잠시도 쉼 없이 순교 직전까지 별난 존재로 산 모습을 보면서 충격을 받았다. 더군다나 내 자신의 안이한 목회생활과 비교해 볼 때 나는 분명 삯군이지 목자가 아니라는 생각이 들었다. 아니 가짜 목사란 생각이 불쑥 들었다. 사십에 하나 감한 매를 다섯 차례 맞았다는 (고후 11:24) 대목에서는 기가 막혔다. 사십 번 맞으면 죽으니까 죽기 전에 매를 멈추기 위해 서른아홉 번을 때리는데 그 채찍을 일생 동안 다섯 번이나 맞다니! 나는 분명 두 차례만 맞아도 목사 직분을 그만 둘 사람이다. 솔직히 그렇다. 그 이외의 바울이 겪은 온갖 고난을 나는 은퇴할 때까지 한 번도 맛보지 아니했다. 황태자처럼 대접받고 존경받고 교인들의 사랑을 골고루 누리면서 살아왔다. 엉뚱한 생각이지만 '우리 교회 열심쟁이들하고 나하고 천국에 가면 상을 누가 더 많이 받을 수 있을까?' 하는 세속적인 장난기 어린 셈을 한번 해 보았다. 이십 명을 추려 보았다. 채점 결과 정녕 나는 그 중에서 꼴찌라는 생각이 들었다. 그때부터 천국에서 상 받을 생각은 거의 포기했다. 단 구원 받은 것은 확실하기에 분명 천국에 들어가 주님의 영광 속에 영원한 안식을 누릴 환희를 품고 날마다 주님을 사랑하면서 살아갈 뿐이다. 주님이 혹시 내게 주실 상이 있다면 '자다가 웬 떡이냐' 하는 심정으로 받을 것이다.

강단에서도 나는 가짜 목사란 말을 자주 했다. 짝퉁 목사로부터 면제받기 위한 몸부림의 일부일 것이다. 새벽기도회 때인 것 같다. 내가 가짜 목사라 했더니 '오 주여!' 앞에 앉은 할머니가 "아멘"을 해 버렸다. 사실임을 확인받은 셈이다. 이런 쓸모없는 하찮은 인간을 계속 써주시는 것을 보면 정말 하나님은 대단하신 분임에 틀림없다. 은퇴할 때 답사도 "내가 하나님이시라면 이동휘를 중간에 도중하차 시켰을 것이 분명한데 45년간을 그대로 계속 써주신 은혜에 감격스럽다"고 말했다. 인류에 대한 사랑이 너무 깊다보니 허물은 아예 볼 줄 모르시는 '사랑에 눈이 먼 하나님이 아니신가'라는 생각이 든다. 가짜 목사인 줄은 누구보다도 함께 사는 아내가 더 잘 알고 비리를 폭로하자면 끝이 없을 터인데도 묵묵히 따라주는 아내가 고맙기만 하다. 그러나 가짜에 대해 마냥 흐뭇해하실 어리석은 하나님은 아니시다. 나의 과제도 계속해서 선한 목자의 대열에 꼭 끼도록 공손히 무릎을 꿇으리라는 다짐이다. 진짜 같은 가짜 목사의 허울을 훌렁 벗고, 가짜 같은 진짜의 수준을 넘어 하나님도 사람도 공히 인정

할 수 있는 진짜목사로 이 백성 앞에 어엿이 설 수 있는 날을 기대해 본다. 그런데도 여전히 찌끼 같은 고약한 악취가 불쑥 내 입에서 튀어나올 때마다 형편없는 자신에 지금도 깜짝 놀라곤 한다. 아! 나는 영원히 형편없는 인간이구나!

신비한 교인

순진한 양이 있는가 하면 목장에는 애먹이는 사고뭉치 양들도 있기 마련이다. 얌전한 아흔아홉 마리와는 달리 목자의 신호를 무시하고 외고집으로 길을 가다가 결국 길 잃은 양이 되고 만다. 목자를 궁지에 밀어 넣어 겨우 찾도록 하여 한시름 놓게 만든 성경의 탕자 양이 어느 시대에나 있기 마련이다. 삐딱한 사고와 오만스러운 태도로 야당적인 기질의 사람이 있는가 하면 삐치기 잘하는 심약한 여성적 기질의 사람도 있다. 삼십 년 신앙생활에도 여전히 십일조 생활과는 담을 쌓은 성도가 있는가 하면, 이십 년 교회 출석에도 불구하고 세례를 받지 않으려는 사람을 어쩌다가 발견하게 된다. 새벽기도에 개근할 정도로 성실한 할머니가 집에 갈 때는 남의 밭에 들어가 고추나 밭곡식을 훑어가는 기상천외한 사건은 무엇으로 설명해야 할지 모르겠다.

안수집사란 분이 이명 증명서를 아예 발급받아 우리교회 가까운 동네로 이사 온 적이 있었다. 목사가 교회 집사로 임명하면 증서를 제출하겠다는 조건을 붙이고 교회 출석하면서 간접적인 위협을 하였다. 제출하면 응당 임명될 것이라는 설득에도 막무가내였다. 자기 요구가 관철되지 않자 모략하기 시작했다. 감사헌금 봉투에 자기 이름을 한문으로 써서 강단에 바쳤더니 목사가 한문을 몰라서 호명기도를 안했다는 괴상한 말들을 비롯해서 교회의 부정적인 요소를 설득력 있게 비판하며 본성을 드러냈다. 이상한 것은 많은 교인이 그 말에 설득당하고 은근한 불평이 퍼져 나갔다. 애굽 땅의 원망이 왜 그리 빨리 확산되어 갔는가를 짐작할 수 있었다. 불행스럽게도 그분이 이른 봄에 동면하고 있는 개구리가 몸에 좋다하여 잡아먹은 것이 화근이 되어 세상을 떠났다는 보고를 받았을 때는 왜 그리 허전하고 뒤끝이 개운치 않았는지 모르겠다. 인생은 짧은 단막극인 것 같다. 그동안 그를 미워하는 마음으로 대했던 어리석은 처신을 자책할 뿐이었다. 애먹이는 상대가 교회의 중직일 경우 목회자의 고충은 크게 마련이다. 잠 못 이루는 철학적 사람이 되어야 하고 가시가 많다는 표현을 쓰게 된다. 상식을 벗어난 버릇없는 쓴 뿌리로 인한 고통을 십자가의 고난에 견주기도 한다. 이런 일이 연거푸 일어날 때면 목회자는 탈진상태에 이르고 사명감도 약해질 수밖에 없다. 어느 순간 이런 애먹이는 사람들에 대한 표현을 바꾸어 보려 용어전환을 했다. 골치 아픈 사고덩어리 교우를 '신비한 교인' 이라고 부르면서부터 큰 부담이 줄어들었다. 그렇게 많은 설교를 듣고 체험을 남달리 많이 하고서도 달라지지 않은 모습에 신비한 생각이 드는 것이 사실이다. 내가 이해하고 해석하기에는 너무나 벅차 하나님의 논리로만 풀 수 있는 묘한 그분을 하나님의 영역으로 옮겨야만 되는 신비한 존재라는 말이다. 다루기 힘든 사나운 말도 실력 있는 조련사는 명마(名馬)로 만들 수 있는데 능력 없어 감당 못하는 애송이 주제에 하나님께서 택한 고귀한 생명을 감히 사단의 하수인으로 맘대로 규정했던 건방진 자신을 조정해 나가기 시작했다.

　어떤 목사가 억센 가시에 시달리다 못해 하나님과 담판내기로 결심하고 떼를 쓰기를 "하나님 저사람 때문에 목회를 못 하겠습니다. 저 사람을 내 보내시든가, 나를 내보내시든가 둘 중 하나를 결정하십시오" 했단다. 그때 하나님께서 말씀하시기를 "나도 그 사람 함부로 못한다. 그 사람을 구원의 대상으로 보지 말고 사랑의 대상으로 보아라"고 말씀하셨다는 이야기가 있다. 구원하실 분은 오직 성령님이시고 내 권한이 아니라면 나는 묵묵히 외곬의 사랑만 할 뿐이다. 구원받지 못한 가룟인 유다를 예수님도 끝까지 사랑만 하시지 않았던가! 신비한 교우까지도 '진심으로 사랑했어야만 했는데' 하는 아쉬움만 남는다. "나는 사랑하나 저희는 도리어 나를 대적하니 나는 기도할 뿐이라" (시 109:4) 고백했던 다윗의 위대한 삶처럼 원수가 굶주렸을 때

먹일 수 있는 성경적 사랑의 바다에서 살았으면 하는 희망을 가져본다.

이후에는 알리라

선생이 발 씻어주는 황송함을 견딜 수 없는 베드로가 절대로 씻길 수 없다고 고집했을 때 "이제는 알지 못하나 이후에는 알리라"(요 13:7)고 예수님께서는 타일러 말씀하셨다. 궁금증을 못 이겨 안달할 때도 있을 것이고 억울함을 호소할 길 없어 참담한 순간을 감수할 때도 있을 것이지만 그 날에 알게 될 것을 참고 기다려야만 할 이유가 우리 그리스도인들에게는 충분히 있어 묵묵히 참을 수 있게 된다.

이십여 년 전에 거액의 선교헌금을 보낸 분이 있었다. 은행을 통해 가까스로 알아보고 통화했으나 도무지 정체를 밝히지 않았다. 바울선교회지도 보내야 하고 영수증도 보내야 하니 성함과 주소를 알려 달라 졸랐지만 하나님만 알면 된다는 식이다. 삼년간 매달 꼬박꼬박 전해준 감미로운 선교헌금으로 필리핀 선교사 훈련원 건립을 비롯한 여러 선교현장에 기념할만한 일을 감당했다. 학교 선생님이고 권 집사라는 것만 알 뿐이었다. 당시 교사 월급 중에 과중하게 바친 셈이다. 어떤 분의 소개로 안디옥교회와 바울선교회를 알게 되어 보낸 거란다. 지금 그 분이

대한민국 어디에 사는지도 그 얼굴도 모르지만 훗날 천국에서 그 분과 감격어린 상봉으로 악수할 날이 올 것이다. 하늘나라 보화들이 곳곳에 숨어 있어 하나님은 외롭지 않으리라 생각된다. 십 년 전 국가적으로 불어 닥친 경제 위기 때에는 환율 상승으로 참으로 경제적인 시달림이 많았다. 그럴 때에 신앙의 진가가 나타나는 것 같다. 자기의 비자금이라고 할 수 있는 남은 것 모두를 그것도 여러 차례 아낌없이 바쳐 선교사역을 궁핍치 않도록 하신 분이 있어 '천국의 거부' 라고 말하고 싶다. 땅을 구입해 놓았는데 그 값이 몇 천만 원 올라서 오른 값에 대한 십일조라며 선교헌금을 바친 그 하나님의 딸의 자상함도 선교에 대단한 보탬이 되었다. 선교비에 대한 부담이 될 때마다 하나님께서는 상 받을 자들을 흥분시키시어 모자람이 없도록 풍부히 채워 주시었다. 수지결산까지도 정확히 맞추시며 조달하시는 세미한 손길이 있었기에 선교는 극도의 긴장감 속에서도 마냥 기쁘게 할 수가 있었다.

뿐만 아니라 그렇게도 충성하셨던 정금 같은 젊은 그 집사님이 더 살아계셨더라면 교회부흥과 발전에 큰 유익이 되었을 텐데 왜 하나님께서 그를 남편과 어린 자녀를 남겨둔 채 일찍 데려가셨는지 그 때는 답답하였지만 그 까닭도 천국에 가면 알게 될 것이다. 아끼던 권사님의 질병을 위한 기도는 간절한 애원이었는데도 듣지 않으신 것 같고 별로 애정이 없이 기도했는데도 그 풋내기 신자의 질병은 기적의 치유를 받은 것도 그 날에는 알게 될 것이다. 어느 나라 사람은 부요하게 살고 대부분의 나라 사람들은 굶주림 속에서 잠자리에 들어야 하는 애처로운 사건도 어렴풋이 알 수 있을 것도 같지만, 그날에 가서야 분명히 알게 될 것이다. 도무지 이해할 수 없어 분개하였던 말 못 할 숱한 지긋지긋한 애환들도 그 날에 환히 밝혀질 날이 올 것이다. 하도 상 받을 일을 못하니까 어떤 때는 그래도 비중을 둘만한 사람에게서 비난을 받고, 나의 업적을 격하시키는 말을 자주 한다는 말을 들었을 때도 그 공격으로 인하여 나의 하늘의 상을 더해주시려는 하나님의 의도라는 사실을 깨닫고 기뻐했다. 그래서 나는 웃을 수 있었다. 헛소문으로 천국 상이 많이 깎였을 텐데 그들의 비난으로 나의 상이 보상되고 첨가된다는 즐거움 때문에 미소를 가질 수 있음도 하나님께서 내게 주신 축복이라고 생각한다. 참으로 나를 괴롭게 했던 그 일이 내게는 하나도 손해가 되지 않았다는 솔직한 고백을 하고 싶다. 그렇다. 명확히 모든 것이 모조리 폭로되는 날이 오고 하나님의 오묘한 경영에 감탄하게 될 날이 올 것이다. 기어코 알려 하고 따지려고 하는 것보다는 이해해주고 용납하고 통과시켜 주는 일이 현명한 처세술일 것 같다. 지난 날 역사의 진위를 동영상으로 내 눈으로 볼 날이 점점 다가오고 있다.

선교의 경호원들

우리 교회 설립 초기에 외지에서 오신 어떤 장로님이 등록하시었다. 그를 잘 아는 목사님을 통하여 그분은 가는 데마다 말썽을 일으키는 사람이니 조심하라는 귀띔을 받았다. 그럼에도 자기 경력을 자랑스럽게 말하면서 봉사를 원하기에 안이한 생각으로 몇 가지 직책을 맡겼다. 과연 구역인도자로서 구역예배에 참석할 때마다 은근히 교회를 비판하기 시작했다. 개척교회가 그것도 교회당 건물도 없어 내 집부터 할 것이 많은데 무슨 선교냐는 투정이다. 밑에서부터 파괴공작을 시작한 셈이다. 당시 구역장 여자 집사님은 그 말에 동요되지 않고 우리 교회의 설립 목적과 특성을 지혜롭게 강조하면서 선교의 정당성을 강력히 고집했다. 여러 번의 회유적인 참소에도 반응이 없자 벽에 부딪힌 그분은 말없이 교회를 떠났고, 그분으로 인한 동요는 찻잔의 풍랑으로 멈추었다. 선교에 확신을 가진 구역장의 지혜로운 믿음은 그 구역을 지켰고 교회와 선교의 경호원이 된 것이다. 하나님께서는 그 자매로 포도원을 허는 여우를 물리치도록 하신 셈이다. 가끔 교회는 쓴 뿌리가 돋는 법인데 그것까지도 토실토실한 곡식을 빽빽이 심어 그들의 공간을 용납지 않으신 하나님은 좋기만 했다. 지금 그분은 천국에 가 있을른지도 모른다. 거기서 통곡할까 아니면 회개하였기에 환희 속에서 안식할까? 당시 개척교회인 우리교회에서 진심으로 충성했다면 존경

받는 분으로 영원히 기억되었을 텐데 하는 씁쓸한 생각을 가진다. 자기의 복은 자기가 끌어들이기도 하고 스스로 발로 차기도 하는 것 같다.

선교 차원에서 세계에서 독보적인 걸음으로 큰 영향을 끼친 교회를 방문한 일이 있었다. 칠십 년 넘게 선교의 사표가 된 교회이다. 우리 안디옥교회는 몇 년간이나 줄기차게 선교할 수 있을까 생각해 보았다. 우리가 사는 세상에서 그럴듯한 이유로 아름다운 일들을 도중하차 시키는 경우를 많이 보았기 때문이다. 예수님 오실 때까지 이 걸음을 걸어야 할 것이고 그러기 위해서는 어떤 시련에도 열정적인 선교의 경호원들이 견고하게 버티고 서 있어야만 한다는 생각을 했다. 지금까지 선교의 강한 터전 위에서 거룩한 행보를 이어온 것 같이 지금의 선교보다도 더 깊이 그리고 더 많이 선교하는 풍성한 교회를 이룰 소망을 가지고 싶다. 이단이 득실거리고 기독교의 훼방꾼들이 기회만 되면 복음에 대한 파상공격을 자행하려는 흉악한 세대에서 하나님 나라에 손해 끼치는 말은 한 마디도 하지 말았으면 한다. 비록 내 마음에는 크게 맞지 않을지라도 큰 그림을 그리시는 하나님의 작품에 그의 그 부분을 사용하신다는 넓은 마음을 가지고 적극적인 파수꾼이 되었으면 한다. 그리고 복음과 선교의 경호원으로 복음의 울타리를 견고케 하는 일에 으뜸이 되었으면 한다.

당회원?

어느 교회 집회 인도 차 갔을 때의 일이다. 내 아내가 당뇨가 있어 약을 복용 중이라는 말을 대화 중에 한 일이 있었다. 그 말이 떨어지자마자 "사모님도 당회원이시네요" 한다. 그 교회 목사님도 당뇨가 있어서 당회원이고 교인 중에도 '당회원'이 아주 많다면서 한바탕 웃은 일이 있었다. 장로교에서는 교회의 의결기관으로서 가히 최고기관이라고 말할 당회가 목사와 장로로 구성되어 교회 전반을 이끌어가고 있다. 목사를 '당회장'이라고 부르기도 한다. 그런데 오늘날 당회가 필요선일 수도 있고 필요악이 되는 경우도 많다는 것이다.

최근에 들은 이야기다. 어느 교회에서 당회가 끝난 후 충격받은 목사가 집에 와서 세상을 떠났다는 것이다. 장례식 날 "아버지! 당회가 없는 천국에서 편히 쉬세요"라는 딸의 조사에 참석했던 조객들은 안타까운 통곡을 해야 했고 그 교회 장로들은 모두 사표를 냈다는 말을 들었다. 미국 교회 전통은 몇 년마다 신임 투표를 해서 몇 년간만 시무하도록 하는 제도와는 달리 한국 교회는 한 번 장로는 영원한 장로다. 물론 좋은 목사와 장로들이 더 많고 충성하는 보배로운 당회원의 수도 헤아릴 수 없이 많다. 반면에 차라리 목사나 장로가 되지 않았다면 순수했을 텐데 하는 생각을 갖게하는 이들도 가끔 있다. 이왕 장로가 되었다면 목사가 존경하는 장로, 세상이 칭찬하는 덕을 끼치는 목사로 인격 높은 중직들이 우리 땅에 많아졌으면 하는 마음 간절하다. 당회가 평안하면 교회가 든든히 서고 당회가 불협화가 되면 교회 전체가 불안한 절대 권력을 가진 군주의 특성을 가진다. 영적 당뇨병에 걸린 당회원은 없으면 좋을 뿐 아니라 고질적인 흉한 병을 어서 치료 받았으면 한다. 당뇨병의 특징은 몸의 영양분을 빼앗아 지치게 만들 뿐만 아니라 합병증을 가져오는 고약한 병이다. 회의를 할수록 회의를 느끼는 당회 모임이 아니라 같이 웃고 춤추며 가장 화락한 가족의 모습으로 바꾸어져 활력을 제공하는 발전소 같은 당회로 거듭났으면 한다. 서로 견제의식이나 경쟁차원의 관계가 아니라 모세를 양쪽에서 두 팔 올려 협력한 아론과 훌처럼 성서적인 조화를 이루었으면 좋겠다. 한국교회의 당회의 기질을 주님께서 치료해 주시기를 바라는 마음이다.

실패한 일이라면 얼마든지 말하겠다

어느 곳에 연합집회를 인도하러 간 일이 있었다. 장소를 제공한 교회 목회자와 대화 중 자기는 얼마나 실패를 많이 하였는지 실패한 이야기라면 얼마든지 말할 수 있다면서 게걸스럽게 웃었다. 자기 교인들이 지금도 어떤 일에 가담하려고 하면 "목사님은 일 저지르지 말고 가만히 앉아 있기나 하라"고 한다며 아예 자기 실력을 안다고 한다. 자기의 실수나 창피당한 일들을 서슴없이 들춰 내는 모습이 마치 실수제조기로 착각이 들 정도다. 그러나 그의 교회는 활력이 있었고 그는 존경받는 목사였다. 언제라도 어려운 지역에 선교사로 뛰쳐나가고 싶은 충동을 가슴에 품고 있었다. 패배의식에 사로 잡혔거나 패배주의자와는 전혀 다른, 단지 자기 자랑이나 성공담을 아예 땅에 묻고 살고 있을 뿐이었다. 성공과 실패는 인간이 다 가지고 살지만 어느 쪽을 또 어떤 각도에서 말하느냐에 따라서 인격품위가 결정되는 것 같다. 어떤 전도사는 '목사 될 연한과 자격을 갖추었는데도 교인과의 거리를 가까이하기 위해 목사안수를 받지 않았다'는 말을 한 적이 있는데 동감하는 바가 있었다. 인도의 성자 선다싱도 목사임직을 사양하고 전도자의 위치로 일생을 주님께 헌신한 것 역시 권위의식으로 자기를 포장하고 싶지 않은 태도일지 모른다.

　반면 자기간수를 지나치게 많이 하는 사람도 적지 않은 경우를 본다. 두 달에 한 번씩 전라북도 목회자를 초청하여 목회에 필요한 정보를 제공하기도 하고, 영적인 풍요를 나누기 위해 유능한 강사를 초빙하여 선교전주 주관으로 영성세미나를 하고 있다. 격월로 삼천여 개의 도내 교회의 목회자를 초청하는 편지를 마련해 보내는 일도 사무실의 벅찬 수고였다. 통지서를 받고서 어느 이브의 딸이 따지기 시작했다. 자기 친구가 전주에서 여자목사로 목회하는데 방문하러 왔단다. 왜 목사를 전도사로 써서 보냈느냐이다. 미안하다고 사과했지만 도무지 이해하려는 기미는 전혀 없고 점점 살벌해지는 언어를 쓰면서 목사를 전도사로 아는 몰상식한 목사가 어디 있느냐는 독설을 퍼 붓기에 전화를 끊어 버렸다. 주소에 직함이 전도사로 되었기에 그대로 적었는데 최근에 목사 안수를 받은 모양이다. 그 후부터는 '00교회 귀중'으로 보냈다. 며칠된 목사인지는 알 수 없으나 친구의 각별한 빗나간 우정이었는지 목사 안수 받은 본인의 성화로 친구가 악역을 맡았는지 짐작할 수 없지만 금방 휴지통에 구겨 들어갈 편지 봉투도 권위가 있어야만 직성이 풀리는 것만 같다. 목사님, 박사님, 사장님 그리고 회장님 우리 회장님! 대체 무슨 명예인지 우습기만 하다. 사도 바울은 만물의 찌꺼기가 되었다고 했는데(고전 4:13). 성경 중에 가장 아름다운 말은 집사(執事)이다. 일을 붙잡고 있다는 뜻이니 얼마나 알찬 단어인가. 나도 집사라고 불렀으면 좋겠다 싶어서 교인들 앞에서 "이동휘 집사님!" 이라고 따라 부르라고 했다. 킥킥거리고 웃기만 한다. 인격을 격하시키고 모욕하는 것으로 아는가보다. 집사보다 더 아름다운 직분 명칭은 없는데도 권사란 간판(?)을 따려고 하고 장로되기 위해 가식적인 충성을 조작하는 직분 문화는 무엇인가 잘못되었음이 틀림없다. 감독직의 기한이 지났는데도 목사보다는 감독으로 부르는 것이 더 권위가 있는지 모르겠다. 명함에 명예와 직분을 끝없이 나열하고 뽐내어야 신분 보장을 받는가 보다. 명예귀신이 한국교회를 침범했는지 그것도 나는 무식해서 잘 모르겠다. 이해가 되지 않는다.

동휘 오빠

은퇴가 가까울수록 교인들의 마음은 아쉬움과 아울러 칠십 세에 접근하는 늙어가는 목회자에게 젊었을 때보다는 격의 없이 대하고 싶었나 보다. 물론 대학생이나 청년들은 활달한 성격 때문에 친밀할 수 있었다. 어느 날 택시를 타고 막 출발하려는데 도로 건너편에서 대학생 몇 명이 차에서 막 내리는 찰나였다. 숨 가쁜 소리로 급히 외친다. "목사님 사랑해요!" 손을 흔들면서 소리 지른다. 팔차선 넓은 도로에 있는 많은 사람들이 시선을 집중하고 쳐다본다. 무슨 일이라도 있나 하고 쳐다보는 눈치다. 사랑한다는 말이 기성세대에게는 감당하기 벅찬 조심스러운 언어이지만 젊은이들에게는 쉽게 터지는 감미로운 말이다. 부럽기도 하다. 그래서 젊음의 생기가 필요한 것 같다. 은퇴 몇 년 전부터는 '동휘 오빠'란 말로 화제 거리를 삼았다. 젊은 오빠라고 한 술 더 뜨는 장난기를 발휘하기도 하였다. 오늘 동휘 오빠 넥타이가 멋있었다 하면서 식사 시간의 대화도 되고 찬양대에서 동휘 오빠의 설교가 좋았다고 수군거리기도 하였단다. 멀리 사라지는 노병(老兵)에 대한 아쉬움과 그리움을 유머러스하게 대하면서 나의 기를 돋아주었고 격려하였다. 은퇴 후 수원으로 이사 온 뒤 우리 딸과 동갑내기 집사로부터 안부 전화가 왔다. 이런저런 이야기를 하다가 요사이도 동휘 오빠 이야기를 많이 한단다. 지금도 그런 말을 하느냐 했더니 한 번 오빠는 영원한 오빠란다. 비교적 근엄한 얼굴이어서 사교성이 부족한 나에게 젊은이들은 싱싱하고 풋풋한 생기로, 쉰 세대들은 진한 정으로 감싸주었다. 교인들에게 따뜻한 칭찬 한 번 제대로 해주지 못했는데 벅찬 사랑과 정겨운 숱한 추억을 쌓기만 하였다. 사랑의 빚만 잔뜩지고 왔을 뿐 사랑을 갚는 일은 제대로 해 본 적이 없는 것 같다.

　은퇴 바로 전 소위 퇴역하는 노인목사에게 각 기관에서 격려의 글이 담긴 스크랩을 선사하여 추억을 간직하도록 하였다. 은퇴하더라도 잊지 말라는 뜻인지 잊지 않겠다는 뜻인지 몰라도 청년들이 준 사연 속에는 '목사님은 젊게 살아오셨습니다!'란 말을 많이들 했다. 몇 년 전 대학선교회가 부흥하는 기세로 발전하고 있어서 용기를 주려고 대학부가 천 명이 넘으면 내 머리를 빨갛게 염색할 것이라 했다가 열렬한 박수를 받은 일이 있었다. 청바지를 찢지 않고 집에 있는 것 보다는 찢은 청바지를 입고 교회 오는 것이 낫다 하면서 젊은이 문화를 이해한 것이 그들 마음에 통하는 코드를 찾은 것 같다. 젊은이들이 귀걸이를 하고 요란스런 음악을 좋아하고 버릇없는 태도를 기성세대들은 타락으로 볼지 몰라도 젊은이들에게는 그 시대의 유행에 불과한 것으로 보아야만 한다. 젊은이들과 호흡을 연결할 수 있었던 것이 나를 젊게 생각한 모양이다. 시간이 지나면서 오빠부대들도 분명 나를 잊을 것이다. 아니 벌써 잊었을 것이다. 단 내 속에 영원한 젊음을 간직하고 싶을 뿐이다. 젊은이들이 교회에서 떠나 교회가 노령화되지 않기 위해서 젊은이들의 모습과 사고방식을 포근히 이해하는 배려와 아울러 적극적인 자세로 저들에게 다가가는 젊은이 사역에 집중해야 한다고 믿는다.

구백구십구당(999당)과 세계

C나라를 비롯한 소위 선진국이라는 나라를 방문해 보면 자기 나라를 천당 바로 밑의 나라라 해서 구백구십구당이라 한다. 그만큼 천당 버금가는 지상 낙원이라는 뜻이다. 65세만 되면 나라가 매달 생활비를 주고 병원과 학교가 무료이며 기후와 물이 좋아서 세계에서 제일 살기 좋은 나라 중에 하나란다. 유럽의 나라들 역시 사회보장제도의 완벽함으로 우월적인 자만심을 품고 산다. 숫자놀음까지 등장하여 9988234란 뜻을 아느냐 묻는다. 99세까지 팔팔(88)하게 살다가 이삼일(2-3) 앓다가 죽는다(4)는 뜻이란다. 이런 사람이 지구에 한 사람이라도 있을

까. 과연 광활한 지구에 하나님께서는 가히 에덴동산이라 부를 수 있는 걸작품을 곳곳에 창조하셨음을 목격했다. 미국 그랜드캐년 국립공원을 방문했을 때의 감격은 그 장엄함과 아름다움에 하나님의 작품을 그대로 보는 느낌이었다. 세계 7대 불가사의의 하나라고 격찬하는 대협곡은 세계 여행객들이 가보고 싶은 곳의 1위로 꼽을 정도의 자연의 경이이고 협곡 자체가 지구에서 일어난 지질학적 사건이 광범위하고 또 심오하게 쌓였다는 점에서도 창조의 기록물이라 할 수 있을 것이다. 캐나다의 웅장한 럭키산맥을 달릴 때였다. 말로 표현하기 어려운 기기묘묘한 산봉우리의 형상과 그 장엄함 역시 우주의 걸작품이었다. 다양한 모습을 지닌 산악 사이로 하늘색 푸른 강이 속 시원하게 흐르고 있었다. 옆의 목사님이 "저 강물은 눈물입니다"라고 한다. 육이오 전쟁 때 '눈물이 강물을 이루어 흐른다' 는 표현에 익숙해진 나는 한탄을 품고 흐르는 눈물이란 생각이 들어 서글퍼지려는 순간, 곧 이어 '봄이 되면서 높은 산봉우리에 쌓인 눈이 녹아내린 물' 이란 뜻임을 깨달았다. 그러나 어쩌면 통곡의 눈물일 수도 있을 것이다. 특수 제작된 버스로 아이스필드(Icefield) 눈산을 올랐다. 몇 년 전만 해도 길옆까지 눈산이었는데 점차로 녹아내려 이제는 한참 올라가야 눈밭을 경험한다는 설명이었다. 앞으로 물 부족시대가 분명 오는데 캐나다는 그때 물을 팔아 돈을 번다고 말할 정도로 높은 산맥에 수북이 눈 창고를 보유하고 있다. 그 눈이 마구 녹아내리며 지구 온난화의 재앙이 금방 불어 닥칠 것만 같다. 실제로 대서양은 옛날보다 대량으로 눈이 녹아내린 결과로 태평양보다 소금농도가 낮아 생선을 잡으면 바로 냉장시켜 회충을 박멸시킨 후에야 횟감으로 먹을 수 있다는 것이다. 인간의 탐욕으로 빚어진 기후의 변동과 온난화로 수면 높이가 몇 미터만 올라가도 물에 잠길 땅이 많다는 재앙 예보다.

사람들은 중국이 자랑하는 만리장성을 떼 지어 구경하고 감탄한다. 그러나 그것을 쌓느라 얼마나 많은 사람이 죽었는지 그 수를 헤아릴 수 없다 한다. 애굽의 피라미드를 구경하기 위해 세계가 이동한다. 그러나 가엾은 일이다. 왕의 썩어질 몸을 매장하는 무덤을 만들기 위해 백성은 일생 그 무거운 돌을 나르는 고역만 하다가 뼈마디 앙상하게 죽은 시체가 된 것이다. 인간이 만든 유적지는 거의 인간의 한숨과 통곡을 품은 곳이라 해도 괜찮을 것이다. 물론 교훈이 될 만한 관광지도 많다. 1930년은 세계공황이 있었던 끔찍한 해이다. 그때 후버 대통령은 국민 모두가 일제히 반대하는 3대 공사를 시작했다. 지금까지도 역시 세계적으로 대 명물은 뉴욕의 마천루(Empire State Building) 빌딩인데, 미국을 건너온 청교도 102명을 기념하기 위해 건축한 당시로서는 세계 최고 높이인 102층 건물이다. 그리고 샌프란시스코의 금문교(Golden Gate Bridge)도 그때의 작품이다. 보는 사람마다 그 신기한 건축에 경탄한다. 네바다 사막을 비롯한 서부사막 지역을 콜로라도 강을 막아 옥토로 변화시킨 후버댐이 모두 공황때의 작품이고 후버 대통령의 선견지명이라 한다. 과연 영웅은 후세에 가서야 인정받는 것 같다.

물은 꼭 100℃가 되어야 끓는다. 99℃에서는 끓지 않는다. 구백구십구당과 천당은 글자 그대로 다르다. 하늘과 땅의 차이다. 최고의 관광지일 뿐 아니라 영원한 안식처 내 고향 하늘나라에 어서 가서 안식하자. 할렐루야!

재미있는 지옥, 재미없는 천국?

대한민국의 한 사람이 미주 땅에 얼마간 머물면서 느낀 소감이란다. 한국은 직장이 끝나면 술집을 돌며 친구들과 대포 잔을 돌리면서 회포를 푼다. 이차 삼차 드디어 러브 모텔까지 잇는 짜릿한 쾌락을 가지면서 쓴 웃음을 지운다. 질펀하게 즐길 수 있는 오락거리가 충만할 정도로 즐비하다. 티켓다방, 불법안마시술소, 묻지 마 관광 등 빈정대면서도 여전히 서구사람이 들으면 소스라치게 놀랄 희한한 변종 성매매 업종 등이 지나치게도 많은 지옥한국이다. "도적질한 물이 달고 몰래 먹는 떡이 맛이 있도다"(잠9:17)의 지옥 취미다. 반면 미국이나 캐나다 소위 선진국을 보면 술집은 참으로 찾기 힘들다. 직장에서 바로 집으로 직행이다. 휴가란 것도 가족과 더불어 수영을 즐기든가 산이나 휴양지에서 편히 쉬는 것으로 조용히 보낸다. 겉보기에 너무 단조로워 재미없는 따분한 사람들처럼 보인다. 국가가 최고로 고마운 효자라는 표현도 쓴다. 육신은 편안하겠지만 마음의 평강은 하늘에서 오는 법이라 기쁜 천국은 물론 아닐 것이다.

재미있는 지옥이란 말 자체도 논리가 맞지 않고 재미없는 천국도 있을 수 없다. 그러나 벌써 지옥은 우주 곳곳에 화려한 지점을 차린 것 같다. 북한은 지옥 자체다. 꼬리 없는 짐승이란 책을 쓴 그분의 간증대로 꼬리만 없을 뿐 짐승 나라가 되었다. 대부분의 많은 인류가 하나님을 제외시키고 동물 본능대로 방임된 삶을 뽐내고 있다. 하나님께서 임재 하셨던 그 자리에 사탄과 그 종자들이 버젓이 버티고 군중 최면술을 걸어 억지웃음으로 속이고 있다. 만성질환자처럼 스스로의 자각을 기대하기가 어려운 상태까지 되었다. 충격 치료만이 가능한 말기 환자의 처참한 세상이 되었다.

이 긴급사태에 선교처방전을 일찍이 최고의 명의이신 주님께서 엄중히 내리신 이유를 알아야 한다.

꽃으로도 선교사를 때리지 마라

월드비전 홍보대사 김혜자 님이 아프리카의 처참히 죽어가는 어린 생명들의 안타까운 모습을 보고 흐느끼는 음성으로 "꽃으로도 때리지 말라"는 감동적인 책을 내 놓았다. 눈물 없이는 읽지 못하는 절규이다. 목회 은퇴 후 하나님께서는 부족한 종을 계속 내몰아 자주 외국에 나가도록 하셨고 각종 집회를 인도케 하신 가운데 선교의 긴급성을 재촉 받았다. 선교의 방향과 전략도 새로운 각도에서 교훈 받았다. 본 대로 느낀 대로 세계를 조명해 볼까 한다.

1. 선교사의 하는 일이 너무 귀중하기에 저들을 때릴 수 없다

게으른 자, 연합할 줄 모르는 자, 선교정신이 희박한 자, 생활이 덕스럽지 못한 자 등 여러 가지로 질타 받을 선교사들이 없는 것이 아니다. 단 선교사들의 하는 일이 지구에 그 어떤 인간도 흉내낼 수 없는 생명 구출 작전에 적합한 자이기 때문이다. 내 백성을 위로하라는 주님의 명령대로 지친 영혼, 가난한 영혼들에게 어머니의 젖줄이 되는 일을 하고 있다. 오만 명이 사는 도시에 그 선교사가 들어가므로 교회가 탄생 되었다. 입에서 하나님을 찬양하는 노래가 나왔고 우상 신전 앞에 절하던 사람들이 주일이면 하나님께 예배를 드린다. 창조자 하나님과 예수님을 처음 소개받아 하나님의 자녀로 출생된 것이다. 지옥을 향해 질주하던 자들이 급히 방향을 돌려 천국을 향해 달리면서 기뻐하고 있다. 그들을 바라보면서 '야! 선교사들은 위대하구나' 라고 느꼈다. 선교사가 없으면 지구는 망하겠구나! 감탄했다. 지금도 전기가 없는 곳에 혹은 풍토병이 우글거리는 곳에 복음의 침입자가 되어 십자가의 깃발을 꽂고 있다. 유치원을 세우고, 학교를 세워 공부 시켜주고, 기숙사를 세워 가난한 학생들을 먹여주고 학교 보내주고, 이들을 훈련시켜 반절은 신학교 보낼 계획을 세워 기도하고, 마귀 나라에 맞서 싸울 용감한 전사들을 세계 도처에서 양병하고 있다.

2. 가정파괴가 심각하다

대부분 무절제한 성생활과 음란이 가정 파탄을 가져 왔다. 경제적 환난도 이혼에 부채질을 했다. 간음하지 말라는 계명이 비웃음을 받게 된 형편이다. 결혼식을 존중히 여기고 꼭 결혼식을 해야 부부라는 생각을 가진 한국은 참으로 아름다운 나라이다. 결혼식 없이 만나서 살다가 헤어지고 또 만나 살다 그만 두곤 한다. 80%는 결혼식을 하지 않고 살고 있다는 말을 자주 듣는다. 그러한 나라가 아주 많다. 기괴한 이유도 있다. 여자가 예단(다우리)을 가져가는 동남아나 서남아시아의 경우 또 다른 사유가 있다. 이 나라의 이혼 이유가 무엇이냐 물었더니 남자의 무책임이라고 답했다. 결혼하고 살기 싫으면 배우자가 바람처럼 사라진다는 것이다. 또 다른 데에 가서 여자가 결혼 지참금으로 가져오는 것을 기대하면서 다시 장가들면 그만이라는 무책임의 소위이다. 여자가 자녀를 양육하고 무거운 짐을 홀로 지고 있다. 남미의 어떤 목사님에게 이 나라의 이혼율이 얼마냐고 물었다. 지금은 줄어들어서 90%라는 말에 우리는 모두 경악했다. 많을 때는 얼마였느냐 하니 112%까지 되었다 한다. 그런 수치가 어찌 있느냐의 의아함에 한사람이 여러 번 이혼하니까 그렇다는 것이다. 결정적 까닭은 공산국가이다 보니 주택을 건축할 수 없는 조건 때문에 아들이 결혼하여 가정을 이루어도 아버지 집에서 살 수밖에 없는 처지다. 따라서 좁은 한집에 삼대가 같이 사는 경우가 많아 가정불화가 잦을 수밖에 없다는 것이다. 이혼이 보편화 된다는 말이다. 부부 두 사람이 사는 아파트가 30평 40평 되는 우리의 주택 문화는 그들 보기에 천국일 것이다. 가정사역을 통하여 깨어진 가정을 회복시켜 주는 우리 선교사들의 상담사역과 치유사역은 더 멀리 확대 되어야만 할 것이다. 공산주의는 가정을 파탄시켰고 집을 황폐케 할 뿐이었다. 아직도 공포에 떨고 있어 말 한마디 시원스럽게 할 수 없음을 본다. 거주제한을 하고 신앙을 탄압하고 평화의 적이 되었다. 진리가 너희를 자유하게 하리라는 주님의 음성을 골고루 듣도록 하기 위해서는 선교사가 더 많이 필요함을 절감한다.

3. 아직도 가난과 질병이 너무너무 많다

한국의 물질관으로 세계를 생각하면 어리석은 자가 된다. 우리나라는 반도체, 디스플레이, 휴대전화, 조선업이 세계시장 점유율 1위이다. 외환보유와 자동차 생산은 5위, 철강생산 6위, R&D투자 9위, 올림픽·월드컵을 모두 치른 10개 국 중 하나, 무역규모 11위, GDP와 GNP 29위, 외국인 투자 30위인 부자 나라이다. IT 강국으로도 불린다. 컴퓨터·초고속 인터넷 보급율 세계 1위, 디지털 기회지수 40개 국 중 1위, 기술 경쟁력지수 60개 국 중 2위이다. 휴대전화, DTV, 온라인 게임 등 세계적인 상품도 있다. 그러나 세계는 못 먹어 굶어 죽는 자가 하루에 3만 5천 명이나 된다. 신학교 교수 월급 30달러만 주면 교수 채용을 할 수 있는데 하면서 걱정하는 신학교를 보았다. 평소에 교회와는 전혀 상관이 없던 사람들도 교회에서 주는 크리스마스 축하를 위한 점심 식사에 수백 명이 모여들어 북새통을 이루는 것을 보았다. 밥 한 그릇이 그렇게도 절대적임을 느꼈다. 시골길을 걷다가 흙물로 고인 못을 보았다. 그 물을 떠다가 동네 사람들이 식수로 사용한다는 것이다. 빨래, 목욕 다 여기에 의존하고 있다. 이로 인한 수질 오염으로 어린 나이에 생명을 잃는 아픔이 지속되고 있다. 평생 병원 한번 구경 못한 지역에서 사는 이들도 있다. 백 원 정도의 주사약만 투입하면 설사병에서 치료받는데 그 돈이 없어 귀한 생명이 죽어간다. 이제는 의료선교사의 주둔으로 그곳 어린이들은 죽음에서 건짐받은 구원의 땅이 되었다. 가난의 서러움과 애탄이 지구 곳곳에서 호소되고 있다. 그러나 사람들은 무정하기로 결심한 것 같다. 빈부격차에 오히려 희열을 느끼는 것 같다. 공무원 월급 삼 사만 원 밖에 되지 않는 가난한 나라이고 생계조차 비참한 지엔피 350불 정도의 나라에서 유치원 월 등록금 80불을 내며 교육시키는 부자들이 있다. 빈부의 명암이 세계 여러 곳에 깔려 있다. 다행히 선교사가 있는 곳에는 적어도 이들과 같이 아픔을 나누는 온기가 있고 희망이 피어나는 것을 느꼈다. 선교사는 부자들에게도 절대적으로 필요해서 이들의 자녀를 책임지게 되고, 고통 받는 자들에게는 더욱 절대적이다. 어떻게 이들에게 더 줄 수 있는 효과적인 방법이 있을까 고심하고 있다. 그리고 그들은 선교사를 의지한다. 자식이 부모를 의뢰하는 신뢰이다. 무거운 짐을 기댈 수 있는 벽이 되어 주고 있다. 오랫동안의 전쟁의 재화로 시달린 나라에서는 수 백 명의 초등학생들이 언덕 산꼭대기에 천막을 치고 공부하는데, 그 모습을 보고 마음이 아팠다. 한 학년 당 천막 하나씩 마치 피난민들의 숙소 같았다. 어느 나라에 갔더니 바울선교회에서 보내준 정성으로 교실을 지어 나의 방문길에 준공식을 한다고 기다렸다. 준공식에 테이프를 끊고 멋있게 입장하려고 한 것 같다. 그러나 테이프 할 끈을 얻을 수 없어서 내가 맨 먼저 앞장서서 문을 열고 들어가는 것으로 준공식을 마쳤다. 노끈 하나 구하기 힘든 나라도 있다. 이 나라 국민이 쇠고기를 먹으면 감옥에 간단다. 외국인만 호텔에서 먹을 수 있다. 무신론을 근본으로 하는 공산주의는 부를 평균케 한다는 구호를 내걸고 세계를 미혹시켰지만 가난을 평균케 할 뿐이다. 자본주의에는 거지가 있지만 우리 공산주의 나라에는 거지가 없다는 어리석은 푸념을 들을 때 오히려 귀여운(?)생각이 들어 웃음이 나왔다. 지하자원이 아주 풍부함에도 이렇게 가난하게 살아가고 있다는 안타까운 말을 어느 나라에서 들으며 나쁜 제도, 혹은 부정부패가 결국 인간의 죄 때문임도 발견했다. 우리의 추측으로는 세계의 가난을 상상하기 어렵다는 생각을 했다. 세계의 젊은 이들이 내일을 잃었다. 나라마다 절망을 배급하고 있다. 선교사들이 팔고 있는 희망 물품을 신속히 보급해야만 한다. 더 많은 예수 장사꾼이 요구되고 있다.

4. 불신자와 마귀세력이 그렇게도 많다

어느 나라를 가든지 이 나라에 기독교인이 얼마나 되는가를 꼭 묻는다. 절망적이다. 불교는 95%인데 기독교인은 0.2% 혹은 3%라 하면서 오히려 기뻐하는 모습도 본다. 거의 전멸상태인 과거보다는 확산되었기 때문이다. 모슬렘들은 미국을 기독교 국가라 하면서 나쁜 점 찾는데만 표적을 삼는다. 대표적인 기독교국임이 인식되었다. 그러나 너무나도 안타까운 일이 많다. 성 프랜시스의 이름을 적용하여 지은 샌프랜시스코 시는 게이(동성연애자)들의 세력이 대단하다. 시장이나 지사가 이들의 지지를 받지 않으면 당선되기 힘들다. 게이들의 결혼합법과 아이 입양까지 주정부의 법으로 통과시키려 하고 있다. 청교도들이 세운 나라에 마귀가 춤추고 있다. 하나님의 창조물 가운데 세계적인 명소를 게이나 폭력단이 먼저 점령했다. 에덴동산에 마귀가 침입하는 것 같다. 죄악의 세계를 만들려고 마귀들도 전략을 세운 것 같다. 뉴 에이지 운동의 확산과 무당종교의 부흥도 도처에서 일어나고 있다. 천황폐하에 대한 찬양이 바로 그 나라의 국가(國歌)이어서 국가를 부르지 못하는 기독교인들의 안타까움이 있는 반기독교적인 나라가 있다. 기독교인은 이방인 취급을 받는 나그네로 살 수밖에 없게 되었다. 국기(國旗)나 우상 앞에 절해야 되는 나라도 역시 많다. 교회를 폐쇄하라는 정부의 강압에 교회는 탄식하고 있다. 아시아 대부분의 나라와 비서구 지역에서는 하층민, 빈민들이 예수 믿는 자로 인식되고 있다. 출세 길도 막히고 박해를 받고 있다. 순교자도 세계 도처에서 많이 생겨나고 있다. 어느 나라는 지금 목사들 십이 명이 투옥되어 있다고 걱정하고 있음을 보았다. 불교의 나라에는 거의 절대적으로 뱀을 수호신으로 섬기고 있다. 요한계시록에 나오는 일곱 머리의 용의 조각이 전국 곳곳에 널려 있다. 섬뜩한 전율이 든다. 설상가상으로 대부분의 나라에 이미 존재해 있는 기성 교회들은 형식화되어 있다. 100% 복음화 되었다고 자축행사까지 크게 벌인 한 종족이 있어 매우 반가웠지만 바로 옆에 있는 미전도종족에 대한 선교관심과 열정은 전혀 없다. 나라마다 자체 교회가 뜨거운 열정만 가진다면 선교사가 철수해도 좋을 나라도 많을 것이다. 기독교가 문화가 되고 생활의 방편이 된 나라가 많다. 선교사들이 기성교회에 활력을 넣어 주는 것도 하나의 사역임을 보았다.

5. 마약과 폭력 그리고 전쟁이 있다

어느 나라인가 공항에서 내려 목적지까지 달리고 있었다. 길가에 군인들이 아주 많았다. 게릴라들 때문이라 했다. 게릴라, 내란, 반란군이나 비정부군 등의 명목으로 세계 곳곳에 폭력 사태가 끊임이 없다. 선교사들에게 게릴라들이 찾아와 생명의 위협도 여러 번 느꼈다고 한다. 정부군과 맞설 정도의 세력들이다. 야꾸자라든가 갱단의 규모도 세계적으로 움직이고 있다. 밤거리를 활보할 수 있는 한국은 평화로운 나라이다. 반란군 때문에 빠르게 갈 수 있는 선교지를 일부러 돌아서 가느라고 험악한 길을 택하여 가야만 하는 경우도 있었다. 선교지역을 차량으로 이틀간이나 그것도 험하고 위험한 높고 높은 재를 넘고 또 넘어 먼지투성이의 험로를 통과하는 길은 사경(死境)이었다. 하루에 한번 꼴로 폭탄이 터진다는 말들은 익숙한 생활이 되었다. 이 나라에는 깡패가 하나도 없다는 선교사의 말을 어느 곳에선가 들었다. 곧이어 그 뜻을 깨달을 수 있었다. 국가가 곧 갱단이다. 만일 폭력단이 있다 하면 그 순간 죽음이다. 철저한 군인독재여서 전 국민이 공포에 떨고 말조차 함부로 할 수 없다는 것이다. 공산국가는 다 그러하다.

6. 선교사는 용감했다

본인이 직접 하든가, 제자를 길러 그들로 하여금 하도록 하든가, 현지인을 통해서 하든가, 자유로운 지역에서의 선교사는 교회개척을 백 개 하라는 강조를 초기에 많이 했다. 가정교회 설립을 통해 할 수 있으리라는 생각으로 백 개 교회를 향해 질주하는 강한 의지를 가진 우리 선교사를 보았다. 계획대로 차곡차곡 실현해 나가고 있었다. 위험스런 환경에 있으면서 교통수단이 열악하여 지나가는 차를 아무데서나 손들고 세워 "차를 태워 주세요!" 하며 차량에 올라타고 전국을 누비는 처녀 선교사의 용맹을 보았다. 도시의 한 공간에 길거리 주일학교를 열어 재미있게 말씀으로 교육하고, 교회로까지 유인(?)하는 위험스런 처녀 선교사도 보았다. 길거리 주일 학교를 더 많이 확대하려 개척한 교회까지 장거리의 험한 길을 주일예배를 인도하러 걸어갔다 오면 1.5kg의 살이 빠진다는 부인 선교사도 만났다. 교통사고를 당하여 얼굴이 찢어져 수술을 하였는데 한국 같으면 말끔히 봉합되었을 것이지만 과장해서 손가락만한 실밥으로 꿰맨 얼굴에 여러 개의 혹을 붙여 놓았다. 얼굴의 미를 생명처럼 여기는 여자의 마음임에도 불구하고 그것을 예수의 흔적으로 여기고 의연한 모습으로 지금도 선교현장을 뛰고 있는 그 부인 선교사는 분명 예수님과의 비밀조약 때문일 것이라는 생각을 해본다. 반란군의 총알에 하마터면 생명을 잃을 뻔한 그 길목을 지금도 수없이 다녀야 하는 모슬렘 지역 선교사는 선교의 당연성 때문에 그들을 겁먹지 않기로 한 것 같다. 중지하라는 공갈과 위협에도 여전히 주일이면 교회를 열고 예배드리고 사역하는 선교사는 간이 부어 있음에 틀림없다. 선교사라는 답을 얻어내려고 며칠 동안 밥을 주지 않으면서 "너 선교사지?" 하는 반복된 끈질긴 질문에 끝까지 굴복하지 않은 뱀의 지혜를 가진 선교사는 벌써 세상이 감당치 못하는 사람이 되었다. 쫓고 쫓기는 007작전을 펼치는 이들은 천하무적의 람보가 되었다. 복음으로 접근하기 심히 어려워 펌프를 설치해 주고 우물을 제공하는 방법으로 사역하는 선교사의 지략을 본 현지 전도사는 자신이 돼지를 사서 기르는 방법으로 목회 전략을 세웠다. 동네 집들을 방문하며 구정물을 받아 키우면서 사귐을 가지는 기지 있는 모습도 대견스러웠다. 그 돼지는 아주 잘 자라서 명년 크리스마스 잔치 때 동네사람을 모아 예수님의 생일잔치를 열 때 회식감이 될 것 같다.

제 2부

예수님의 영성으로
(바울선교 회지 머리글)

시한부 인생

하루는 25시간이 아니다. 태고적부터 24시간으로 짜여져 있다. 인생도 마찬가지다. 끝없이 산 사람은 한 사람도 없다. 한 번 죽는 것은 법칙이다(히 9:27). 1년 혹은 30년, 혹은 좀 길게 70 넘게 사는 시간 길이 차이가 있을 뿐이다. 요즈음 한국은 교통사고, 암으로 인한 사망 등 죽음이 각 집안의 문턱까지 바짝 다가온 느낌이다. 젊은이, 늙은이 가리지 않는다. 사랑스런 어머니를, 3대 독자를, 결혼 3년 된 남편을, 왕도, 미녀도, 사령관도, 올림픽 금메달을 거머쥔 사람도 그 누구 하나 예외 없이 홍수처럼 쓸어간다. 자기 차례는 아직 멀었을 것이라는 멍청이 같은 착각 때문에 사전 준비가 전혀 없이 삽시간에 당한다. 남겨 놓아야 할 인생의 흔적도 없이, 하늘나라 보화도 저축하지 못한 채 통탄스럽게 죽어간다. 그래서 예로부터 인생무상을 노래했고, 인간은 나그네요, 행인(벧전 2:11)이라고 단정지었다. 떠들썩하던 시장거리도 저녁이 되면 사람도, 물건도 그 모습을 모두 숨기고 무거운 정적만이 깔려 있듯 인간은 장터놀이에 불과하다. 주께서 호출하시면 미련없이 제자리에 모든 것을 그대로 놓고 가야 한다. 죽음의 차례만은 아무도 모른다.

그러기에 우리는 대비해야 한다. 믿음 안에서 죽어야 한다. 예수 밖에서 살다가 육과 영이 같이 죽는 영원한 죽음을 맞서서는 안 된다. 깨어 있어야 한다. 어리석은 부자꼴이 되어서도 안 된다. "어떻게 하면 영생을 얻을 수 있나이까?" 하는 간절한 구도자의 자세까지 갖추었는데도 재물을 버릴 수 없어서 결국 하나님을 버린 어리석기 짝이 없는 부자의 최후가 되어서는 안 된다. "지혜로운 자는 다리를 건널 뿐이지 그 위에 집을 짓지 아니한다"는 명언도 기억해야 한다. 뿐만 아니라 하나님 앞에 설 것도 반드시 명심해야 한다. 선악간에 심판하신다고 미리 경고하셨다. 나그네 기간에 세상 집이 좋아야겠는가? 천국 고향집이 좋아야겠는가? 천국 부자가 되어야 한다. 여기서 얼마나 가지고 있는가는 아무 소용이 없다. 죽는 날 맨주먹으로 간다. 죽기 전에 미리 천국 창고에 저축하는 슬기를 가져야 한다. "내 평생 소원 이것 뿐 주의 일 하다가 이 세상 이별하는 날 주 앞에 가리라" 주 앞에 설 때 부끄러움이 없어야 한다. 주가 주시는 면류관을 받아야 한다.

아주 오래 전에 시한부 죽음을 앞둔 청년이 교회에 들어온 일이 있었다. 그는 3개월만에 죽었다. 자기 죽음을 앞둔 이 청년은 예수의 진리를 세포에 스며들듯 받아들여 그대로 진리로 거듭났다. 확신에 찼었고, 30년 믿어도 비틀거리는 신앙인에 견주어 볼 때 이분의 신앙은 경탄할 만했다. 예수 안에서 소망의 웃음을 띠고 죽었다. 시한부 인생! 그 각오가 있어야 신앙이

들어간다. 2개월 안에 죽을 것이라는 선고를 받은 암환자의 경우 대부분 예수를 영접하고 눈을 감는다. 우리는 2개월보다 더 짧은 5분간의 시한부 인생이 아닌가!

"어둔 밤 쉬 되리니 네 직분 지켜서… 일할 때 일하면서 놀지 말아라"

할렐루야!

오직 예수님께 집중

예수님을 식사대접할 기회를 얻은 마르다는 황홀감에 빠져 정성을 다 쏟았다. 너무나도 많은 것을 해 드리고 싶은 간절한 심정을 모르는 듯 시간은 자꾸만 흘러갔고 분주함에 쫓긴 나머지, 언니를 거들떠보지도 않고 주님 발 앞에 꿇어앉아 말씀만 경청하는 동생 마리아가 얄미워졌다. 드디어 선한 일에 불평을 담아 예수님께 항의했다. 그러나 예수님은 '한 가지만' 이라도 족함을 일러주셨다. 마리아는 오히려 '좋은 편'을 택하였다고 일침까지 놓으셨다. 이 시대는 우리의 정신을 분산시키는 흥미로운 것들이 지나치게 많다. 토요일이면 친구들을 많이 가진 보람으로 곳곳의 결혼식장을 들러야 하는 번거로움에 처한다. 신문, 방송, 컴퓨터가 주는 정보에 뒤떨어지면 인생 낙오자가 될 것 같아서 이것저것 기웃거리다가 성경 읽는 시간은 줄어들고 결국 영성 결핍증으로 현대 크리스천들은 몽롱한 눈동자를 선물 받게 되었다. 중 고등학생의 30%가 컴퓨터 중독이 되고 장년들도 성인사이트에 빠진 중독환자가 급증하고 있다고 한다.

그러나 분명히 알아야 한다. 세상은 썩었다. 킨제이 보고대로 인간은 성교하는 기계가 되었다. 모조리 음란하고 모조리 거짓투성이다. 롯이 소돔성에서 의로운 심령이 상했듯이(벧후 2:8) 거룩한 마음들이 이상한 물감으로 색칠되어가고 있다. 죠지 오웰이 쓴 '1984'의 '이천 년이 되기 전에 인간은 괴물(몬스터)이 될 것이다' 란 예언이 적중된 것 같다. 도금된 정의, 거짓 자유, 엉큼한 순결, 양의 탈을 뒤집어 쓴 요염한 양(羊)... "너희는 이 세대를 본받지 말라"고 호령하시는 주님의 음성이 천둥처럼 들린다. 물 심판, 불 심판이 가까웠다. 토마스 아켐피스는 "마귀는 자지 않고 너희 육신은 아직 죽지 아니하였다. 네 좌우편에서 쉬지 않고 너를 노리고 있으니 싸울 준비를 그치지 말라"고 했다. 이세종은 제자들을 모아놓고 "파라, 파라, 깊이 파라, 얕게 파면 너 죽는다"고 했다. 인천의 어떤 여성도는 12년간 5만 8천 명을 전도했다. 주님 사랑에 침몰되어 집중하다보니 전문가가 되고 대가가 되고 지도자가 되고야마는 신비가 있다. 팔방 미인이 되기보다는 예수만 정확히 아는 영적 거인이 더 필요하다. 믿음의 주요 온전케 하시는 예수를 바라보자! 이 땅은 우리가 살 도시가 아니다. 그리스도인은 모두 예수 가르치는 스승이 되고 목자가 되고 진리의 인도자가 되어야 한다. 악한 세상을 건져내려면 삼손의 힘을 가져야 한다. 이용도 목사의 절규를 듣자. "주를 빼놓고는 죽은 껍데기요 화석이었노라. 하여간 미치자! 크게 미치자! 어찌하든 진리에 미치는 것만이 우리의 급선무다." 예수님께 푹 빠졌으면!

예수님은 노숙자였다

"예수께서 낮에는 성전에서 가르치시고 밤이면 나가 감람원이라 하는 산에서 쉬시니"(눅 21:37), "다 각각 집으로 돌아가고… 예수는 감람산으로 가시다"(요 7:53, 8:1). 갈릴리에서 전도하실 때에는 가버나움 베드로의 장모집이 예수님의 숙소였을 거라고 추측한다. 그러나 예루살렘에 올라 오서서는 월세방이나 전세방 하나 얻으실 여유가 없으셨다. 예수님의 달콤한 말씀을 들은 군중들은 해가 지자 아늑한 자기 집으로 각각 흩어져 저녁식사를 하고 가족과 함께 포근한 잠자리에 들어 하루의 피곤을 풀었으리라. 그러나 예수님과 제자들은 갈 곳이 없었다. 석양이 되면 차디찬 냉기가 도는 감람산을 향해 뚜벅뚜벅 걸어가서서 하룻밤 지새우시고 이튿날 또 성전에 나오셔서 가르치셨다. 예수님은 산숙(山宿)하셨다. 노숙자(露宿者)셨다. 천지가 그의 소유이시고 백만장자보다 더 부자이신 지체 높으신 그분이

냉혹하리만큼 차고도 찬 바위 위에 몸을 기대어 하룻밤을 지내셔야 했던 야속한 세상이었다.

그의 출생부터가 어처구니 없었다. 우리 문화로 표현하자면 소와 말을 가두어두는 외양간에서 출생하신 그분을 쇠 죽통 혹은 말밥통에 담아 눕히셨다는 뜻이다. 그의 최후 죽음 역시 우리를 통곡케 한다. 흉악한 죄인만을 골라 죽이는 십자가에서 극형을 당하셨다. 살아있는 몸 생체(生體)를 마치 오징어를 벽에 걸어 말리듯이 높다란 나무에 대못을 박아 대롱대롱 걸어 놓고 기진해서 지쳐 죽으라고 내팽개친 저주의 죽음이었다. 오직 우리를 살려내고자 죽으러 오신 십자가의 생애였다. "그를 찌른 것은 우리의 반역죄요 그를 으스러 뜨린것은 우리의 악행이었다. 그 몸에 채찍을 맞음으로 우리를 성하게 해 주었고 그 몸에 상처를 입음으로 우리의 병을 고쳐 주었구나"(사 53:5 공동번역). 그러나 십자가 밑에는 전혀 딴판이 벌어졌다. 군인들이 요란스런 도박판을 벌여 예수님의 성의를 나누고 있었다. 오늘의 기독교는 예수님의 희생정신은 망각하고 종교 놀음판을 벌이고 있지는 않는가? 거침돌이 디딤돌인 줄을 모르고 장애물이 보일 때마다 불평을 민첩하게 쏟아내는 속 좁은 그리스도인은 아닌지! 하늘나라에는 이등 시민이 없는데도 마귀계단으로 거침없이 내려앉아 혈기와 정욕의 쓰레기를 쏟아내고 있지는 않은지! 그리스도인을 가리켜 '성도' 라고 부른다. 굳이 성을 구별

해서 부른다면 남자는 '성자' 란 뜻이고 여자는 '성녀' 란 뜻인데 과연 그 자격을 가지고 있는지 돌아보아야 한다. 싱싱한 계란에 썩은 계란이 섞여 음식이 만들어졌다면 송두리째 폐기시켜야 하는 안타까움이 있다. 그리스도인들이 싱싱한가?

다시 예수님을 흠모하자. 예수님보다 잘 살지 않은가? 귀족풍이 들지 않았는가? 호강만 하고 있지 않은가? 온갖 대접을 다 받고 있지 않은가? 이제 예수님 면전에서 염치도 없이 푸념만 늘어놓았던 부끄러움을 되풀이할 수 없다. 정말 죄송스러울 뿐이다.

주목(注目)! 예수님께!

"우리의 믿음의 근원이시며 완성자이신 예수님만을 바라봅시다. 그 분은 장차 누릴 기쁨을 생각하며 부끄러움도 상관하지 않고 십자가의 고통을 견디어 내시고 지금은 하나님의 옥좌 오른편에 앉아 계십니다"(히 12:2 공동번역).

당신의 몫이 있다 속히 감당하라

현대인의 사(4) 무주의란 것이 있다. 무감동, 무책임, 무관심, 무목적이다. 장터에 앉아 동무들에게 피리를 불어도 춤추지 않고 애곡하여도 가슴 치지 않는 비정한 시대이다. 옆집 노인이 홀로 죽어 여러 날 되었는데도 까맣게 모르는 이기적인 사회로 변해가고 있다. 뺑소니차에 치어 숨진 아들을 서글퍼하는 아버지가 "목격자를 찾습니다. 후사하겠습니다" 대문짝만하게 길가에 써붙여도 모두 다 입을 다문다. 불려 다니며 시비에 말려들까 귀찮아서다. 반응 없는 군중을 보신 예수님은 "귀 있는 자는 들어라" 연거푸 질책하신다. "보아도 보지 못하고 들어도 듣지 못하는 사람들아" 하며 이사야는 통곡하며 울었다. 많은 사람들이 자기 몫을 포기한 채 물결 따라 흐르는 맹목적 삶을 살고 있다.

먼저 회개의 몫을 찾아야 한다. 길선주 장로가 평양 장대현 교회 사경회 마지막 날 밤 "나는 아간입니다. 고인된 친구 부인의 재산을 관리하면서 100불을 훔쳤습니다. 내일 아침 갚겠습니다" 청중 앞에 흐느끼며 자복했을 때 한국 전 국토에 부흥의 바람을 일으키는 태풍의 시작이 되었다. 반면에 회개의 몫을 지불치 않고 외면한 아간은 아이성 싸움에 참패를 가져왔고 자신과 가족을 모조리 죽이는 비극을 만들었다.

"나의 연고로 이 풍랑이 일어났습니다. 나를 바다에 던지십시오"(욘 1:12).

요나의 희생적 결단이 있을 때 폭풍은 즉시 멈추고 선객 모두 안전한 여행을 할 수 있었다. 당신은 회개할 몫이 없는가?

길거리에서 잠자려는 나그네를 찾아가 "그대는 안심하라.

그대의 모든 쓸 것은 나의 담책이니 거리에서는 자지 말라(삿 19:20)"고 하며 자기 집에 숙식을 책임진 선한 사마리아인 같은 노인을 지금도 필요로 하고 있다. "와서 우리를 도우라"(행 16:9)는 마게도냐 사람들의 절규를 계속 외면하겠는가? 일생에 의사 한 번 만난 일도 없고 치료 한 번 받지 못한 사람들, 아직도 복음을 듣지 못한 채 사악한 주술사에게 괴롭힘 당하는 미개한 종족들, 굶고 또 굶어 평균 연령 40세도 못 되는 기아에 지친 최빈민국 사람들, 이들을 책임져야 할 몫은 누구에게 있는가? 당신만은 외면할 떳떳한 이유가 있는가? 하나님께서 내가 책임지고 구원해야 할 친척이나 친구의 영혼을 구원치 않은 직무 유기죄로 그 피 값을 물라 하실 때(겔 3:18)에 차라리 피 값을 지불할 무서운 각오(?)로 이렇게도 태만한가? 일꾼이 없어서 안타까워하는 애절한 일꾼 모집 광고를 번번이 거절한 배짱은 어디서 배운 객기인가?

심판 날이 다가온다. "악하고 게으른 종아"(마 25:26) 주님의 면책을 들어서는 안 된다. 마땅히 감당해야 할 그 몫을 분배 받아라. 권리의 몫 말고 의무 말이다. 주님 주시는 상은 달콤하다. "주님! 해냈습니다"라고 말할 수 있기를 바란다. 할렐루야!

기념비를 세우는 자와 기념비적 생애를 사는 사람

사 년 동안 날카롭게 칼 갈아 부왕 다윗의 가슴에 비수를 들이댄 압살롬은 분명히 불효자요 역적임에 틀림없다. 그러나 뻔뻔스럽게도 '압살롬의 기념비' (삼하 18:18)란 비석을 세웠다. 하나님과 사무엘 선지자의 기대를 크게 벗어나 사탄의 하수인이 된 사울 왕도 길갈에 기념비를 세워(삼상 15:12) 자기의 공덕을 기리고자 했다. 기념패, 공덕비, 승전비, 전쟁기념탑, 훈장, 자서전, 회고록 등 세상은 온통 반짝거리는 자기 과시에 꽁꽁 얽매인 것 같다. 명함과 이력서를 들여다 보면 의인이 충만한 세상인데도 악취만이 넘치는 현실을 보게 된다. 참으로 이상한 일이기도 하다.

기념비는 자신이 세우는 법이 아니다. 담담히 기념비적 삶을 살도록 할 뿐이다. 하나님의 평가에 평온한 자세로 맡겨라. 역사는 무심치 않다. 세상에서도 진가는 드러나는 법이다. 이순신을 사모하여 '충무로', 세종대왕의 업적이 고마워 '세종로', 살수대첩에 적군의 침공을 막아 나라를 구한 을지문덕을 추앙하여 '을지로', 청렴하고 학문이 깊은 이황을 기리고자 '퇴계로' 라 이름 붙여진 서울 거리들이 감명을 준다. 알바니아 비행장을 '테레사 공항', 로마의 공항을 '네오나르도 다빈치 공항'이라 부름도 성녀의 향기와 천재적 예술가의 업적을 잊지 않기 위함일 게다.

예수님은 훌륭한 사람의 이름을 밝히지 않았다. 이스라엘 중에 최고의 믿음을 가진 백부장(마 8:10)의 이름을 모른다. '개'란 칭호를 들어가면서도 귀신들린 딸을 고침 받은 "네 믿음이 크도다"(마 15:28) 한 그 대단한 여자도 '가나안 여자'일 뿐이다. 강도 만난 자의 이웃이 되어 귀감이 된 그 인자한 벗도 단지 '사마리아인'(눅 10:33)이란 칭호로 족했다. 알프스 산에서 조난을 당한 여행객을 사경에서 구해 준 사람이 있었다. 그 고마운 분의 이름이라도 알고 싶어서 "당신 이름은?" 하고 물었다. 답변은 간단했다. "선한 사마리아인의 이름을 아십니까? 그 이름을 안다면 내 이름도 알려 주겠오." 겸손한 구조자는 미소만 남기고 잠적했다 한다.

꼭 남기고 싶거든 남겨라. 한나는 사무엘을, 바울은 자기가 전도한 신자들을 나의 편지요 자랑품이라 했다. 루터는 종교개혁을, 예레미야는 눈물을, 욥은 인내의 고통을, 마리아는 옥합 깨뜨림을, 스데반은 순교를, 그리고 요한은 사랑을 강물처럼 흐르게 했다.

십자가만이 영원한 기념비가 되게 하라. 예배당 꼭대기에 꽂혀진 십자가처럼 가슴에 그 기념비를 세워 자랑하여라. 십자가 정신 아닌 것은 다 쓰레기다. 버려라. 은근히 자랑스럽게 여기고 싶은 그 우상을 땅 속에 묻어라. 영성에 방해가 된다. 우쭐한 생각을 폐기하라. 오직 십자가를 품고 기념비적 삶을 살도록 하라. 할렐루야!

무기력에서 예수님의 영성으로

인도의 성자 선다싱에게 영혼의 암흑기가 있느냐 물었을 때 내게는 없다고 응답했다. 허드슨 테일러 선교사의 첫 부인은 임종하는 순간에 감미로운 미소를 지으며 "요사이 몇 년간 주님과의 사이에 구름 한 점 가린 적이 없었습니다"라고 고백했다. 가시밭길 선교현장에서도 주님과의 깊은 영적 친밀감 때문에 천사의 포근한 가슴을 가질 수 있었다. 부럽고 달콤한 모습들이다. 그리스도인의 고민은 영성의 핍절일 것이다. 목회자의 탈진 상태! 성령 충만이 어느덧 성질 충만으로 바뀌고 악신에 충동되어 다윗에게 단창을 던지는 사울왕의 흉측한 변덕이 바로 자신임을 발견했을 때의 그 충격과 좌절감! 그래서 충격요법을 써 보기도 한다. 기도원에 입산하여 소나무 뿌리 뽑아보기, 어마어마한 능력의 종들을 찾아가 권능을 전수받기 위해 특별안수를 세차게 눌러 받아 보기도 하고, 은사 충만으로 세기를 흔드는 부흥사의 꿈을 품고 다소 저질적이기는 하지만 야곱의 무모한 배짱을 부려보기도 하였다. 온갖 세미나에 앞 다투어 참석하고 21세기의 성장전략을 모두 습득하였지만 침체의 늪에서 헤어나지 못하고 썰렁한 가슴을 메울 길이 없어 허우적거리고 있는 초췌한 모습은 여전하다. 반면에 항상 깨어 있어 기도하라는 예수님의 엄중한 경고를 묵살한 채, 아예 뱃심 좋게 요나의 깊은 잠에 빠져 분별력을 잃은 영적 무기력에 침몰됨은 또 어찌해야 한단 말인가?

예수님은 어떻게 영성을 유지 하셨을까? 예수님께로부터 배워야만 한다. 예수님의 초점은 오로지 하나님과의 관계를 깊이 유지한 점이다. "하늘로서 내려온 것은 내 뜻을 행하려 함이 아니요 나를 보내신 이의 뜻을 행하려고"(요 6:38-39) 오셨다고 하신다. 소속을 분명히 하시었다. 그래서 내 말은 아버지의 말이라, 하나님은 나의 아버지, 나는 그의 보내신 그 아들, 다시 아버지께로 간다, 아버지와 나는 하나다, 하나님을 아바(아빠)라 불렀고 아버지께서 하라고 하신 말과 일을 한다 하셨다. 따라서 보내신 분의 뜻을 민첩히 깨닫기 위해서 극성스럽게도 간곡한 기도를 쉼 없이 드렸다. 내 뜻대로 마옵소서! 아버지의 원대로 하옵소서! 예수님의 절규시다. 그동안 우리는 너무나 건방졌다. 선교현장과 예수님이 주인으로 계시는 교회에서도 감히 자기가 주인인 양 "내 말을 감히 무시해?"하며 분한 얼굴로 씩씩거렸다. 예수님의 뜻이 묵살될 때에는 죄송스러운 눈치조차도 없었는데도.

선교는 실종된 인간 구출작전이다. 생명 구원과 명품 크리스찬을 만드는 것이 선교요 목회요 직분 감당 이유이다. 섬세한 부분에까지 하나님의 뜻을 따랐던 예수님의 그 외골수 "하나님 중심" 목회철학, 선교철학으로 지체 말고 돌아가야만 한다. 그분의 영성 아니면 마귀를 굴복시킬 수 없다는 철칙을 따라야만 한다. "자는 자여 어찜이뇨! 일어나서 네 하나님께 구하라"(욘 1:6). 세속 선장이 하나님의 종에게 질타하는 고함 소리를 부끄럽게도 계속 듣고 있어야만 할까? 오! 주님!

예수님은 먹히신 분

예수님께서 자주하신 말씀은 '나를 먹으라'(요 6:35, 50, 51, 53, 55)는 말씀이었다. 피를 마시라고도 하셨다. 먹지 않는 자는 멸망 뿐임을 강조하시며 필수적으로 먹어야 하고 예수님은 먹히시려고 오신 분이심을 밝히셨다. 이 뜻을 몰랐던 종교 지도자들은 오히려 예수님을 얼간이로 여겨 배격하였고 그래서 저들은 버림을 받았다. 아이를 잉태한 여인은 그 순간부터 뱃속 생명에게 찢기기 시작한다. 출산된 생명도 본능적으로 엄마 젖을 물어뜯어 빼앗아 먹는다. 그것이 산모의 기쁨이요 영광이요 극치의 사랑이다. 생명 탄생과 육성의 신비다.

슬픈 자의 눈물을 닦아주는 손수건이 되기 위해 뻣뻣해지신 예수님의 성수(聖手), 죄인을 병든 자로 보시는 긍휼 때문에 안식일도 범하고 율법도 무시하는 파렴치한 망나니로 취급당하시는 예수님의 추락된 명예, 먹기를 탐하고 술을 즐기는 술꾼으로 치부 당하시는 수모를 겪을지라도 밑바닥 인생을 끌어 안고자 하시는 예수님은 세상에서 말하는 수준 높은 체면과 지위를 모두 박탈 당하셨다. 최후 십자가에서 운명하셨을 때에 그 몸은 짓이겨진 시신으로 내주셨고 걸쳤던 의복까지도 모두 빼앗긴 바가 되시었다. 단 하나 우리에게 생명을 주시기 위해서다.

삼손처럼 정욕에 먹혀 눈알 뽑히는 비참한 일 당하기 전에, 아간처럼 물욕에 미쳐 돌무더기에 매장되기 전에, 헤롯처럼 오만에 도취되어 창자 썩어 죽기 전에, 가인처럼 질투의 포로가 되어 살인하는 악마가 되기 전에, 고라처럼 반역하다가 땅에 묻혀 몰살되기 전에 내 자신이 구원받아야 할 인류에게 먹혀야 한다. 리빙스톤은 아프리카 사람들에게 먹혔고 저드슨은 버마인을 위해 먹혔을 때 인류의 찬란한 등불이 되었고, 허드슨 테일러는 중국 사람들에게 먹히는 선교전략으로 믿음선교의 폭발적인 열매를 맺었다. "살려고 하면 죽는다! 죽고자 하는 자는 산다!" 예수님이 세우신 법칙이다. 섬기려고 오신 예수님은 처음부터 종으로 처신하셨고 세상에서 마지막으로 행하신 행동은 무릎 꿇고 수하 사람들의 발을 씻겨주시는 겸손이었다. 초대교회는 모일 때마다 성찬식을 통하여 예수님을 먹었고 자기들도 먹혀야 될 줄 알고 거의 모두 순교당한 바 되었다.

자기 몸만 돌보는 거짓 목자에 대해 에스겔은 준엄한 책망을 퍼붓는다. "약한 것은 잘 먹여 힘을 돋우어 주어야 하고 아픈 것은 고쳐주어야 하며 상처 입은 것은 싸매주어야 하고 길 잃고 헤매는 것은 찾아 데려와야 할 터인데, 그러지 아니하고 그들을 다만 못살게 굴었을 뿐이다. 양들은 목자가 없어서 흩어져 온갖 야수에게 잡아먹히며 뿔뿔이 흩어졌구나"(겔 34:4). 주님의 아픔이요 탄식이시다. "주 야훼가 말한다. 목자라는 것들은 나의 눈 밖에 났다. 나는 목자라는 것들을 해고시키고 내 양떼를 그 손에서 찾아내리라. 그들이 다시는 목자로서 내 양떼를 기르지 못할 것이다. 나는 내 양떼를 그들의 입에서 빼내어 잡아먹히지 않게 하리라"(겔 34:10). 어찌하면 좋을까? 오! 주님!

너를 내 옥새로 삼겠다

스룹바벨을 선택하신 하나님께서는 이렇게 선언하신다. "너를 이미 뽑아 세웠으니 내가 너를 내 옥새로 삼겠다. 나 만군의 주의 말이다"(학 2:23 새번역). 왕이 쓰는 인장반지나 국새(國璽)는 국권의 상징이고 왕의 권위를 뜻한다. 어인이 일단 찍힌 조서는 왕 자신도 변경시킬 수 없는 절대적 법규가 된다. 원수의 농간에 빠져 의로운 다니엘을 사자굴에 집어넣는 위태한 순간인데도 바사 왕은 금령에 이미 어인을 찍은 그 법을 파기할 수 없어서 안타까워하는 모습으로 밤을 새웠다. 이러한 절대적인 특권을 사역자들에게는 아낌없이 하사하시겠다는 하나님의 배짱이시다. 그 권세 아니고는 괴악한 마귀를 이길 수 없기 때문이다. 옥으로 만들었다 해서 옥새(玉璽)라 부른다.

교회의 기초가 될 베드로에게는 강력한 천국 열쇠를 내주시어(마 16:19) 매고 푸는 전도자로 삼천, 오천을 구출케 하셨다. 모세에게는 "내가 너로 바로 앞에 신이 되게 하였은즉"(출 7:1), 애굽 신을 굴복시키고 민족을 해방시키는 탁월한 신적 존재가 되게 하셨다. 예레미야에게는 놋 성벽 쇠기둥이 되게 하시었고(렘 1:18) 이사야에게는 타작기계가 되게 하셨다. "보라 내가 너로 이가 날카로운 새 타작기계를 삼으리니 네가 산들을 쳐서 부스러기를 만들 것이며 작은 산들로 겨 같게 할 것이라"(사 41:15). 엘리야와 초대교회는 불을 선물로 받았다. 하늘에서 불이 떨어져 사람이고 나무고 짐승이고 죄악까지 불살라버리는 맹렬한 불의 세력이 되었다. 바로 왕은 애굽의 신적 존재인데도 인장반지를 미련 없이 빼어 요셉의 손에 끼워주며 대제국을 통째로 요셉의 손아귀에 주어 버렸다. 하나님의 권위에 굴복당한 현명한 처사다. 요셉은 그 국새를 지혜롭게 사용하여 칠 년 기근 당한 천하를 넉넉히 먹여 살린 것이다. 초인적인 일들을 하나님의 종들은 능히 할 수 있다는 실례이다.

심판의 표준은 인(印)맞은 자와 맞지 않은 자로 구분한다. 이마에 하나님의 인 맞지 아니한 사람만을 해하라(계 9:4) 하신다. 반면 그리스도인은 약속의 성령으로 인치심을 받은 자(엡 1:13)로 보존된 자들이다. 이마에 인 맞은 십사만 사천의 흰옷 입은 성도는 하늘의 영광 속에서 감미로운 새 노래를 불렀다(계 14:3). 천국행이냐 지옥행이냐의 대분수령이 바로 여기에 있다. 불교인들도 수계라 해서 향불로 따끔하게 손에 표를 받고 법명을 받는다. 마귀도 666이라는 표를(계 13:16) 이마에 도장 찍어 생존권을 보장해 준다고 간악한 술수를 부린다. 사탄의 도장을 받느냐 아니면 성령의 인을 보다 신속히 먼저 받느냐에 따라 한 사람의 운명이 결정된다.

사탄이 벌벌 떠는 하나님의 옥새를 우리가 감히 받았다. 놀랄만한 은총이며 특권이다. 그래서 우리를 왕 같은 제사장이라 부른다. 도장에 묻은 인주가 붉은 것처럼 십자가의 피로 인 맞는 순간 종자가 개량된다. 하나님의 백성이 된다. 우량종자 내지 선교종자로 바꾸어진다. 짝퉁인생을 진품생명으로 바꾸신다. 죄인의 괴수를 성자로 바꾸는 작업이다. 엉덩이에 불도장이 찍힌 말(馬)이 영원히 주인의 소유가 되듯 하나님의 어인 맞은 자는 영원한 천국 시민이 된다. 우리가 바로 그 웅대한 일을 하도록 하나님께서 그 대단한 옥새를 성큼 내주신 것이다. 뭇사람의 이마에 도장 찍으라 하신다. 너희 말을 듣는 자는 곧 내 말을 듣는 것이요(눅 10:16). 그리스도인의 전도가 곧 예수님의 말씀 자체라는 권위를 주셨다. 책임이 막중하다. 신속히 사용하라. 폭 넓게 전파하라. 기도와 말씀이 있는 곳에, 전도와 선교가 있는 곳에, 사랑과 열정이 있는 곳에 이 옥새는 강력한 효력을 발휘할 것이다. 할렐루야!

가이사랴에 고넬료란 사람이 있으니

가이사랴에 고넬료란 사람이 있으니! "그가 경건하여, 온 집으로 더불어 하나님을 경외하며, 백성을 많이 구제하고, 하나님께 항상 기도하더니"(행 10:2). 20대 후반이나 30대 초반이었을 100명 군사를 거느린 하급 장교 고넬료의 신앙 인품이다. 식민지에 파견된 로마의 젊은 군인으로서 반란과 폭동을 감시하는 매서운 눈초리를 가졌다고 해야 그의 직업상 어울리는 표현일 게다. 그런데도 전혀 새로운 모습이다. 개인적으로 경건했고 가정적으로는 고국 로마 종교를 포기하고 유대의 하나님께 무릎을 꿇었다. 대인관계에 있어서는 분명히 박봉일 군인이 가난한 사람들에게 '많이' 구제했고 종교 생활에는 상관과 부하의 틈에 서서 비상 체제하에 군명을 대기해야 할 시위대 장교인데도 '항상 기도'에 시간을 쏟았다. 신앙은 인간의 기질을 바꾸고 환경을 초월한다는 신앙 만세의 기록이다. 그가 잠시 주둔했던 가

이사랴도 고넬료와 더불어 돋보이는 명소가 되었다. 밧모섬에 요한이라는 사도가 있었으니, 갈대아 우르에 아브라함이 살았으니, 베들레헴에 다윗이 있었으니, 평안도 정주에 오산학교가 있었으니, 애양원에 손양원이 있었으니, 평양 산정현교회에 주기철 목사가 있었으니, 아프리카에 리빙스톤이 있었으니, 인도에 윌리암 캐리가 있었으니!

안고수비(眼高手卑)란 말이 있다. 생각이나 지식은 제법인데 삶은 하찮다 해서 눈은 높으나 손은 천하다는 비웃음이다. 신분과 입의 이론은 대단한데 그 능력에 있어서는 머리 깎인 삼손처럼 마귀의 비웃음을 받고 있는 처량한 모습이다.

성 따미엔이 몰로카이 섬에 갔으므로 폭력과 살인과 절망의 땅이 에덴동산으로 바꾸어졌다. 하나님은 그 땅을 고칠 사람을 지금도 찾고 계신다. 토산이 익기도 전에 떨어지는 황량한 여리고에 엘리사가 입성하여 물 근원에 소금을 뿌리므로 비옥한 도시로 만든 그 치료자를 세계 곳곳에서 갈망하고 있다. 그리고 하나님은 그런 사람을 자랑하고 싶어 하신다. "여호와께서 사탄에게 이르시되 네가 내 종 욥을 유의하여 보았느냐. 그와 같이 순전하고 정직하여 하나님을 경외하며 악에서 떠난 자가 세상에 없느니라"(욥 1:8). 우스 땅의 욥을 극찬하신 하나님! 그것도 사탄 앞에서 두 번이나 "보았느냐"고 자랑하신다. 도시마다 직장마다 말뚝처럼 뿌리박고 우뚝 서서 영혼 구원의 열망을 품고 파숫군의 벅찬 임무를 감당하는 소수의 정예 부대를 보실 때마다 하나님은 흥분하시는 것 같다. 의로운 자녀들이 나타나면 뽐내고 싶으신가 보다. 지금 살고 있는 그 지역에 불명예를 남기지 마라. 영원히 기념될 기념도시로 만들라. 내가 그 곳에 갔으므로 대단한 영적 폭풍이 일어났다고 후대 사람이 부러워 하도록 하라. 현재는 악취나는 지역, 사탄이 춤추는 땅이지만 '책임지는' '그 한 사람'이 있기에, 마귀나라의 블랙 리스트에 오른 요주의(要主意) 인물이 이곳에 온 후부터 거룩한 땅이 되었노라고 선포하며 천국잔치가 배설되도록 하라. 가이사랴에 ○○○란 사람이 있으니! 오! 주님! 나로 하여금….

온도계와 온도조절기

영하 60도의 맹추위도, 영상 60도의 열사의 기후에도 온도계는 제 몸을 늘였다 줄였다 하면서 고무줄 놀이를 쉴 새 없이 한다. 요술쟁이와 같다. 고마운 놈이다. 수백 번 오르락내리락 하며 널뛰는 변덕스러움은 하루에 일곱 번씩 변색한다는 칠면조의 사촌인 것 같기도 하다. 입김만 불어도 출렁거리며 요동을 한다. 반면 온도조절기는 일정한 온도에 고정시켜 놓으면 밖에 어떠한 변화무쌍한 날씨 변동이 있을지라도 종일 그 기온을 유지시키는 침착함을 보여 준다. 사울 왕은 온도계와 흡사했다. 겸

손과 예언의 경건성을 가진 지도자로 이스라엘에 견줄 만한 자가 없었다. 욕심이 잉태되고 다윗에 대한 적개심을 품은 이후부터는 이중생활을 즐겼다. 다윗을 죽이려고 쫓다가도 그의 관용과 인격에 감화받을 때는 엉엉 울면서 잘못을 사과하고 죽이지 않겠다고 다짐을 거듭했다. 그러나 작심삼일의 속임수였다. 최후에 악신의 시달림을 받다가 참혹하게 전사하고 말았다. 요나의 신경질 역시 대단했다. 감사하는 목소리로 주께 제사드리겠다던(욘 2:9) 그가 니느웨 성이 회개하여 멸망에서 벗어나게 되자 선지자답지 않게 화를 폭발시켰다(욘 2:9). 박넝쿨 그늘로 더위를 덮어 주시니 다시 기뻐하다가(4:6) 그것이 벌레 먹어 시들어지자 차라리 죽어버리겠다고 앙탈을 부린다(4:9). 조울병(躁鬱病-흥분된 상태와 우울한 상태가 주기적으로 나타나는 병) 환자였다. "너의 성냄이 어찌 합당하냐"(4:4) 호통을 치시는데도 도무지 눈치 없는 행동만 한다. 어떠한 형편에든지 자족하기를 배운 사도 바울은 균형 잡힌 삶을 살았다. "내가 비천에 처할 줄도 알고 풍부에 처할 줄도 알아 모든 일에 배부르며 배고픔과 풍부와 궁핍에도 일체의 비결을 배웠노라"(빌 4:12). 전천후 선교사였다. 높아져도 교만하지 않고 낮아져도 좌절치 아니하는 오뚝이 기술을 가졌다. "우리는 아무리 짓눌려도 찌부러지지 않고 절망 속에서 실망하지 않으며 궁지에 몰려도 빠져나갈 길이 있으며 맞아 넘어져도 죽지 않습니다"(고후 4:8, 9 공동번역). 온도계가 쉼 없이 변화무쌍한 요동을 하는 것은 저 홀로 공간에 서 있기 때문이다. 반면 온도조절기의 평온함은 펄펄 끓는 보일러 시설에 연결되었거나 써늘한 에어컨에 든든히 이어져 있기에 가능한 것이다. 바울은 예수님께 연결되었다. "내게 능력 주시는 자 안에서 내가 모든 것을 할 수 있느니라"(빌 4:13). '그리스도 안에서' 이다. 큰 가뭄에도 물가에 뿌리를 뻗은 나무는 청청함을 자랑하며 결실이 풍성한 수확을 거둔다. 천둥번개 같은 성질을 가진 우뢰의 아들 야고보와 요한도 예수님께 그 근원을 깊이 뻗은 이후 사랑의 사도로 변화되지 않았던가? "한 입으로 찬송과 저주가 나는도다. 내 형제들아 이것이 마땅치 아니하니라. 샘이 한 구멍으로 어찌 단물과 쓴물을 내겠느뇨"(약 3:10, 11).

당신의 또 다른 이름은 무엇인가

'사랑의 원자탄' 하면 으레 손양원 목사를 생각한다. 예레미야는 '눈물의 선지자'로, 아모스를 '정의의', 호세아를 '사랑의', 엘리야를 '불의 선지자'로 부른다. 충성된 부부되기를 소망할 때는 '브리스길라와 아굴라 부부'를, 경건한 가정을 소개할 때는 '고넬료 가정'을, 애국 여성을 강조할 때는 '에스더'를, 이스라엘 제일의 믿음을 추켜 올릴 때는 '백부장'의 믿음을 서

습없이 소개한다. 현명한 왕이 등극하면 '다윗의 길을 좇는다' 라는 찬사를 울리고, 악한 왕들의 횡포를 목격할 때는 '아합 집의 행위를 본 받는다' 고 한탄을 한다. 손님 대접 잘하는 집을 '마르다의 집' 이라 하고 비전을 가지라 할 때는 '요셉의 꿈' 을 실례로 든다. 참으로 아름답고 찬란한 이름을 목에 건 수없는 사람들이 성경 안에 하늘의 별들처럼 빛나고 있다. 반면 악한 별명을 가진 사람도 많은 것이 세상 현실이다. 양다리 걸치기를 하는 신앙인에게는 '유두고' 같이 될까 두렵다 염려하고, 의심 많은 사람은 '도마' 라고 말한다. 미지근한 교회를 '라오디게아 교회' 라 부르고, 불충할 때는 '악하고 게으른 자' 라고 책망을 호되게 한다. 배신자를 '가룟 유다' 라 부르고, 탐욕 품고 주의 재물을 훔친 자를 '아간' 이라 질책한다. "여호와의 말씀을 어긴 하나님의 사람"(왕상 13:26)들이 옛날이나 오늘이나 충성자의 수보다 오히려 몇 배 많은 안타까운 모습들이다. 한국 여성 54%가 자기 이름에 불만을 가진다고 한다. 따라서 가명이나 예명을 지어 가진다. 특히 예술인들은 더욱 그렇다. 성까지 바꿔 전혀 다른 가문의 사람처럼 거침없이 예명으로 출세하려고 한다. 유명 인사들은 아호를 쓰기도 한다. 어쩌면 우리의 이름도 바꾸어야만 될 오명(汚名)이 되었는지 모른다. 도약을 위해서 개명할 필요도 있을 것 같다. 하나님은 작명(예수, 요한 등)도 잘하시지만 개명도 하시는 분이다. 아브람을 '아브라함' 으로 고쳐 열국의 아비로, 사래를 '사라'로 부르도록 하시며 열국의 어미가 되게 하셨다. 하나님과 겨루어 이긴 징표로 야곱을 '이스라엘'로 개칭하셨고, 반석이 되도록 계획 품으신 예수님은 시몬에게 '베드로'란 새 이름을 지어 하사하셨다. 아프리카 선교의 개척자 리빙스톤 다음에 쓰여질 이름을 공모하신다. 노예 해방자 링컨의 첫 이름이 기록되고 둘째 셋째 명단이 비어 있다. 영혼 해방의 구령 일꾼들이 적혀질 것이다. 인도의 성자 선다싱을 닮은 수도사적인 경건한 사도들이 등장하여 기록되어져야만 한다. 맨발의 성자 프랜시스 후열에 설 청빈을 사랑하는 크리스천들의 명단이 이어져야 한다. '바울 같은 선교사'의 별명 같기를 원하신 하나님은 그 공간을 특별히 폭 넓게 확보해 놓으셨다. 모두 바울 같은 선교사로!

하나님이 지어 주신 나의 이름이 궁금하다. 무엇일까? 아브라함을 "나의 벗"(사 41:8), 다윗을 "내 마음에 합한 사람"(행 13:22)이라 하신 하나님은 "간사함이 없는 나다나엘"(요 1:47) 같다 하실까? 그 반대의 노한 얼굴이실까? 하나님이 지어주신 이름 그대로를 사람들이 부를 수 있는 그런 이름을 주시옵소서. 그런 사람이 되게 하소서. 오! 주여!

영적 안테나를 높이 세우라

어차피 난장판이 되어버린 세상에는 몇몇 졸개 마귀만이 배치되어 관할하는 것 같다. 그러나 하나님의 자녀와 교회를 상대할 때는 교활하고 포악한 최강수 제1급 마귀들을 파견하여 가차없는 공격을 퍼붓고 있다.

왕비들에게 둘러싸인 솔로몬 왕은 꽃다발 속에 숨겨진 달콤한 화독(花毒)에 맞아 멍청이가 되어 쓰러졌고(왕상 11:3), 나라를 부강케 한 웃시야 왕은 자만에 도취되는 순간 성전 제사까지 제 몫인 줄 착각하다가 한센병의 치욕을 받았다(대하 26:19). 감히 성령을 속여도 되는 줄 알았던 아나니아와 삽비라 부부는 대낮에 날벼락을 맞아 무덤 속 사람이 되었고(행 5:5), 하나님께 바칠 성물을 함부로 가로챈 아간은 고대했던 그리운 가나안 땅에 들어와서 온 가족이 돌무더기에 묻히는 참사를 당했다(수 7:25). 지금도 사탄은 그 여세를 몰아 틈새만 있으면 밀고 들어와 하나님 나라의 등불을 끄려하고 있다. 가톨릭과 불교보다도 인기 잃은 기독교는 마귀의 미혹에 걸려 소형교회 대형교회 할 것 없이 탈진상태에 놓인 것만 같다.

사탄에게는 긍휼과 자비가 전혀 없음을 알아야 한다.

진 자는 이긴 자의 종이 된다(벧후 2:19). 깨어야 한다. 안일하면 안 된다. 자만해도 안 된다. 주님과의 교제시간을 절약해도 안 된다. "근신하라 깨어라 너희 대적 마귀가 우는 사자같이 두루 다니며 삼킬 자를 찾나니"(벧전 5:8). 하찮은 게임은 이제

중단하자. 소꿉놀이에 황금 같은 시간과 자원을 허비해서는 안 된다. 원수 골리앗을 물리칠 수 있었던 단 한 사람 다윗의 용맹으로 무장해야 한다. 마귀나라에 공격명령을 선포하고 기도의 박격포를 동원해야 한다. 하나님과 겨루어 이긴 장렬한 야곱의 얍복강 기도를 꼼꼼히 배워야 한다. 믿음의 '작은 나'와 '큰 나'가 모두 내 안에 있다. 제한된 믿음을 무한한 믿음으로 확대시키려면 영적 안테나를 높이높이 세워 하나님과 교신해야만 한다. 기도는 무한한 하나님의 능력 창고를 덜컥 여는 만능 열쇠다. 예비하신 신비한 은혜와 초강력 무기를 받기 위해 과감히 내미는 애절한 손이다. 거대한 돈을 비축하고 있는 우주에서 가장 큰 은행 문을 열고 천국 돈과 능력을 인출해서 사용하는 수단이기도 하다. "여호와의 눈은 온 땅을 두루 감찰하사 진심으로 자기에게 향하는 자를 위하여 능력을 베푸시나니" (대하 16:9). 이 비밀을 알아챈 사탄은 기도무기를 빼앗기 위해 각종 매력있는 물품을 진열해 놓고 거기에 푹 빠지도록 유혹하고 있다. 경계해야만 한다.

영적 전투에 참가한 병사는 전사(戰士)의 의지를 가져야 한다. 스터트는(WEC선교회 창시자) 결혼식 날 "예수를 위해 싸우려고 하나된 무리"란 어깨띠를 두르고 결혼식장에 부부가 입장했다고 한다. 그를 가리켜 사람들은 자극을 주는 사람, 문이 열린 곳이면 찾아가고야 마는 사람, 바보란 조롱을 들을 준비가 된 사람이라 불렀다. 중요한 것은 칼의 크기나 모양이 아니라, 성직자냐 평신도냐가 아니라, 오래 믿었느냐 초신자냐가 아니라 얼마나 날카로운 무기를 가졌는가이다. 영혼의 칼을 날카롭게 갈고 무장한 용사가 되어야 한다. "가드 장대한 자의 소생이라도 다윗의 손과 그 신복의 손에 다 죽었더라"(대상 20:8). 다윗 부대의 용사가 되어라. "두 마음을 품지 아니하고 능히 진에 나아가서 싸움을 잘 하는 자가 오만 명이요!"(대상 12:33), 스불론 지파에는 용사가 넘쳤다. 그것도 두 마음을 품지 않은 자가!

능력의 근원은 오로지 하나님께 있다. 그와의 교신을 절대로 중요시하라. 그리고 승리하라. 할렐루야!

무차별 공격에 무차별 공격을

하나님의 최고 걸작품 아담을 감히 훼손한 사탄은 그 잔인한 공격을 잠시도 멈춤 없이 맹공을 시도하고 있다. 별빛처럼 빛나는 의인들에게 살육의 화살을 무차별 겨누었다.

이제 최첨단 과학시대에는 달콤한 문화의 흥분제를 들이키게 하여 오염시키고 있다. 전자우편, 휴대전화, 인터넷, 저질 잡지 그리고 영화 속에 무차별 해악 재료를 섞어 지옥 소식을 끈질기게 공급하고 있다. 순진한 어린이 프로그램과 심지어 교회

홈페이지까지 버젓이 침투하여 음란과 미신이 춤추며 뽐내고 있다. 성역이 무너지고 아군과 적진의 구별 없이 엉겨 붙어 진흙판 개싸움으로 난장판이 된 세상이다. 인터넷 중독의 도가 넘어 정신병원 신세를 져야 되고 아침이면 스팸메일 지우기에 지겨울 정도의 세상이 되었다. 온 세상의 음란화, 폭력화, 무당화가 급속하게 퍼져 벌써 소돔과 고모라가 된 것 같다. 아슬아슬한 세상이다. 하나님 나라 진영이 무차별 공격을 받고 있다는 생각을 하니 격분한 생각이 든다.

십자가 편에 소속한 아군들이여! 대장 예수님 곁에 바짝 붙어서서 용사의 대열로 재편성하고 전투태세를 갖추어야 한다.

첫째, 완전히 무장하여라. 성령 충만하라. 하늘 군대는 약골이 없는 법이다. 더 많이 기도하고 더 힘있게 찬송하고 더 많이 몸 바쳐 충성해야 한다. 마귀에게 틈을 주어서는 안 된다.

둘째, 문화 선교사의 사명을 고수해야 한다. 기독교인의 시각으로 모든 것을 보는 성경적 기준을 두어야 한다. 보는 대로 빠지는 바보가 되어서는 안 된다. 선악의 가치 판단을 해야 한다. 그리고 문화 속에서 복음을 전해야 한다. 복음전달이 가능한 사이트나 방명록에는 무차별 들어가 복음적인 재료를 올리고 인류의 소망을 불어 넣어야 한다. 안티 기독교 박멸 사이트에 들어가서 기도하는 마음으로 운영자가 회심하도록 기도하고 진솔한 자기의 신앙간증을 실어 저들의 맹공이 허구임을 깨닫도록 해야 한다. 똑같이 독설로 대하면 안 된다. 지식 탐색란에는 "예수 그리스도가 누구인지 알려주세요"라고 의문을 던져 예수님이 어떤 분인가를 널리 알리는 전략을 세우라. 올려진 답이 비방적이거나 흡족한 복음적 해답이 없을 때는 본인이 또 하나의 다른 아이디로 정확한 답을 올려 놓도록 하면 좋을 것이다.

'공중 권세 잡은 마귀'란 말을 한다. 공중이란 무엇인가? 사이버 세계다. 제한이 없는 사이버 세계를 복음으로 가득 채워야 한다. 무심코 클릭하면 신앙적인 글이 펑펑 떠 오르도록 우주공간을 채우자.

셋째, 호기심이나 흥미본위로라도 무당이나 포르노 사이트에 1000원이라도 결제하거나 시청하면 안 된다. 재미로 하찮은 돈을 썼지만 만 명이 그렇게 무심코 했다면 그 돈은 하루에 천만 원을 마귀사업에 투자한 셈이다. 단 한번 1만5천 원으로 평생 회원이 되어 돈을 지불할 경우 만 명이 그리했다면 그 돈이 1억 5천만 원이 된다. 무당과 음란 사이트가 번창하는 이유가 바로 이것이다. 단돈 500원이라도 주지 마라. 마귀 사업에 투자하면 마귀 나라의 협력자가 된다.

셰익스피어는 "내 팔꿈치에 있는 마귀" 란 표현을 썼다. 마귀는 바로 곁에 있어 유혹한다. 요셉의 순결의 용기가 필요하다. "악에게 지지 말고, 선으로 악을 이기라"(롬 12:21) 라고 하신다. 오염된 이 땅을 성화시켜야 한다. 사탄의 진지를 무력화시켜야 한다. 최선의 공격이 최선의 방어라고 한다. 앉아서 당하고만 있어야 할까? 사탄 나라에 무차별 공격을 퍼붓자.

용서하라 그리고 자유인이 되라

독사의 눈에 고인 독기를 품고 맹수처럼 달려들어 어린동생을 구덩이에 던져 넣은 형들은 무섭기만 했다. 끄집어 내는가 싶더니 헐값으로 애굽의 노예로 팔아 넘긴 저들에 대한 원한은 영원히 잊지 못할 복수심으로 남았을 것이다. 오랜 후 죽은 줄 알았던 동생이 애굽의 총리로 앉은 그 위풍을 보았을 때 그들은 기절했을 것이다. 그러나 요셉은 그 동안 겪은 고통과 수모를 섭리로 볼 줄 알았다. "당신들이 나를 이곳에 팔았으므로 근심하지 마소서 한탄하지 마소서 하나님이 생명을 구원하시려고 나를 당신들 앞서 보내셨습니다"(창 45:5). 계속 불안해 하는 저들에게 "내가 당신들과 당신들의 자녀를 기르리이다 하고 그들을 간곡한 말로 위로 하였더라"(창 50:21). 흉년을 대비시키려는 하나님의 세밀한 계획 속에 일시 심한 상처를 당한 것임을 깨닫는 순간 원통함은 증발된 것이다. 모든 사람을 포용할 수 있는 대인(大人)이 될 수 있었다.

3천 명 군사를 동원하여 다윗의 목에 칼을 꽂으려고 추격해온 사울 왕이 용케도 그들이 은닉하고 있는 캄캄한 굴 속에 홀로 들어왔다. 원수를 처치할 절호의 기회를 다윗의 수하들은 놓치고 싶지 않았다. 모든 고통이 일순간에 끝날 수 있는 행운이었다. 그러나 하나님의 사람은 원수 갚는 권한은 하나님에게 있다는 신념으로, 혼적으로 그의 옷자락만 베고(삼상 24:4) 그를 안전하게 돌려보냈다. "나는 사랑하나 저희는 나를 대적하니 나는 기도할 뿐이라"(시 109:4) 함이 자기 몫인 줄 알았다. 과연 성군(聖君)이었다. 자기 목숨 빼앗기 위해 돌질하는 폭도들을 위해 "저들에게 죄를 돌리지 마옵소서"(행 7:60) 하며 예수님이 하셨던 용서의 기도를 스데반 집사는 드릴 수 있었고 그 거룩함이 해맑은 천사의 얼굴을 만들었다. 나를 손상시킬 찌꺼기는 버려야 내가 산다. 쓰레기와 쥐의 원리를 명심해야 한다. 먹이감을 남겨 놓으면 쥐새끼 같은 마귀는 즐겨 찾아와 괴롭힌다. "일만 달란트의 엄청난, 죽을 빚을 탕감 받았다는 감격을 가지고"(마 18:24) 작은 감정들을 풀어야 한다.

아내와 남편을 용서하라. 부모와 형제로부터 받은 상처를 하나님께 토설하고 씻어내라. 동료와 사람들로부터 받은 한스런 것을 감사함으로 녹여내라.

'내게는 하나의 불평이라도 과하다' 라는 성자의 말을 되새기라.

"노하기를 더디하는 것이 사람의 슬기요 허물을 용서하는 것이 자기의 영광이니라"(잠 19:1). 할렐루야!

2등 정신

"사울의 죽인 자는 천천이요 다윗은 만만이로다"(삼상 18:7). 골리앗을 쓰러뜨린 다윗의 용맹을 춤추며 기뻐했던 여인들의 즉흥 노래 가사였다. 위기에서 벗어난 온 국민의 축제였다. 그러나 오직 한 사람 임금만은 불쾌감을 감추지 못했다. "나는 천이고 다윗은 만" 나라의 첫째인 대왕의 권위가 무시당한 느낌이었다. 즉시 다윗을 죽이려는 살인마로 변했다. 반면 바로 왕은 일부러 차석으로 내려앉는 지혜를 보였다. 새 총리 요셉에게 "너보다 높은 것은 보좌 뿐이다"(창 41:40). 인장 반지를 빼어 요셉의 손에 끼웠다. 최후 결재권을 미련 없이 넘긴 것이다. "네 허락 없이는 수족을 놀릴 자가 없으리라"(창 41:44). 왕의 권위와 통수권을 고스란히 요셉의 것이 되게 했고 자기는 보호막이 되었다. 그의 2등 정신의 너그러움으로 애굽의 살인적인 7년 흉년을 거뜬히 넘길 수 있는 축복을 받았다.

최고 빠른 일등 발을 가졌다는 우쭐함 때문에 거북이와의 경주에서 참패를 당한 토끼의 실수와 경험은 반복되기만 한다. 신보다 더 높은 위치에 올라 앉다가 벌레 먹혀 죽은 헤롯왕(행 12:23)들은 계속 같은 함정에서 몰사당하고 있다. 깨닫지 못하는 백성들이다. 세계 테니스 결승전에 오른 영국 선수는 유리하게 굴러오는 운 좋은 공을 내리치기만 하면 금메달을 목에 거는 황금 기회를 맞았다. 승리는 틀림없는 그의 것이었다. 그러나 그는 일부러 공을 높이 올려주어 맞수로 충분한 기회를 이용토록 짬을 주었다. 상대방은 힘껏 내리쳤고 승리는 그에게로 돌아갔다. 벌떼같이 몰려 온 기자들은 '우승을 포기한 이유'를 캐물었다. "바다 건너 저 멀리서 온 선수가 우승컵을 안고 가야 되지 않을까요?" 2등으로 내려 앉은 그의 명성은 1등 선수의 몇 배로 세계인의 가슴을 뭉클케 했다.

　뒤로 힘껏 또 힘껏 후퇴해야 이기는 운동이 있다. 줄다리기다. 현명한 또 하나의 처세술이다. 한사코 2등이 되어야 산다는 진리다. "각각 자기보다 남을 낫게 여기고"(빌 2:3). 2등 정신은 예수님 정신이다. 하나님 뜻대로만 되기를 원했고 그 뜻을 따르기로 작심하셨다(마 26:39). 자의(自意)로 말씀하신 일이 없고 아버지로부터 들은 것을 말씀하신다고 하신 분이다(요 16:13). 하나님과 동등되는 것은 더군다나 원치 않으셨다(빌 2:6).

한 조각 감미로운 글을 소개한다.

결혼하고 싶은 사람이 있는데 아직 프로포즈를 못했거들랑 이렇게 한번 말해보지 않으시렵니까.

"나는 당신을 세상에서 두 번째로 사랑하는 사람"이라고 말입니다.

왜 두 번째냐고 물어오겠지요. 이렇게 답하십시오. "내 사랑이 아무리 뜨겁다 한들 당신의 부모님들만이야 하겠습니까. 나는 그 분들을 이기지 못합니다. 그러나 그분들 말고는 이 세상 누구보다 당신을 사랑합니다."

당신의 사랑은 더 아름다워질 것입니다.

음식점을 차려놓고 하루빨리 소문난 음식점이 되고 싶거들랑 이렇게 한 번 써 붙여보십시오. 소박한 글씨체로 단정하게 써 붙여보십시오.

"세상에서 두 번째로 맛있는 집" 왜 첫 번째가 아니냐고 물어오겠지요. 이렇게 답하십시오. "세상 어딘가는 우리 집보다 더 맛있는 집이 있겠지요. 하나쯤은 있겠지요."

당신의 가게가 가장 맛있는 집이 될 것입니다.

1885년 인천에 도착한 두 선교사(언더우드, 아펜젤러)는 이 나라 첫 선교사라는 오만함을 갖지 않기 위해 손 잡고 똑같이 배에서 내렸다고 한다. 2등 정신은 연합 정신이다. 공동 정신이다.

부디 2등 정신으로 살기 바란다. 할렐루야!

하나님의 군대 같았더라

다윗이 왕이 되자 난다 뛴다 하는 용사들이 밀려왔다. 홀로 뛰쳐나가 창으로 300명의 적군을 몰살시킨 야소보암과 아비새 장군(대상 11:11, 20), 눈 오는 날 함정에 내려가 맹수 사자를 쳐 죽일 뿐 아니라 베틀채 같은 창으로 다가오는 애굽 사람의 창을 오히려 빼앗아 적수를 죽인 브나야(대상 11:23), 얼굴이 사자 같고 빠르기는 산의 사슴 같은 에셀을 비롯한 용사들(대상 12:8, 9)이 줄을 이었다. 날마다 다윗에게로 돌아와서 돕고자 하니 큰 군대를 이루어 하나님의 군대와 같았더라(대상 12:22). 그 비결까지도 밝혀준다. 만군의 여호와께서 함께 계시니 다윗이 점점 강성하여 가니라(대상 11:9). 하나님이 함께 계시니 천하무적의 하나님의 군대가 형성된 것이다. 여호와께서 요셉과 함께하시므로 그가 형통한 자가 되어(창 39:2) 조상 요셉의 향기로운 자취를 꼼꼼히 따른 신앙의 열매였다.

다윗은 뒤집기의 명수였다. 일찍이 블레셋의 대용사 골리앗이 40일간 조석으로 나타나 이스라엘과 하나님을 마음껏 농락하며 조롱했었다. 허약한 사울 왕의 군대는 약소국의 비통함만 탄식하고 있을 뿐 속수무책이었다. 그러나 신앙의 사람 다윗은 어린 나이에도 분노를 느꼈다. 감히 하나님을 훼방하다니! 물맷돌을 던져 골리앗을 쓰러뜨리고 막강한 적군을 몰아냈다. 대반격 대반전이었다. 돌진하면서 다윗의 입에서 나온 고함 소리는 "이스라엘 군대의 하나님의 이름으로 네게 가노라"(삼상 17:45)였다. 우주보다 더 큰 하나님의 힘을 사용할 줄 아는 현명한 사람이었다.

억장이 무너지는 환경을 만났다고 말하고 싶은가? 누구 탓이라고 토닥토닥 다투고 있는 소모전을 지속하는가? 높낮이를 따지는 초조한 상태인가? 답보 상태에서 헤어나지 못해 탈출구를 바라는가? 혹시 실족해서 수렁에서 허덕이는가? 기도의 힘을 잃고 사역의 기쁨을 잃었는가? 영적 불쾌지수가 위험 수위인가? 일곱 가지 환난으로 인해 기력을 상실했는가? 공든 탑에 금이 갔는가? 요나처럼 도망가고 싶은가? 지루한 터널 길이 아직도 멀다고 느끼는가? 탈진 상태로 정말 중대 위기에 처했는가?

지체 말고 돌이켜야 한다. 사탄의 덫에 걸릴까 두렵다. 그리고 위에 계신 하나님을 바라보아라. 그대 사정을 알고 이미 내밀고 계시는 하나님의 긴 팔의 손을 잡기만 하면 된다. 모든 문제는 하나님이 풀어 주신다. "오직 여호와를 앙망하는 자는 새 힘을 얻으리니 독수리의 날개 치며 올라감 같을 것이요 달음박질하여도 곤비치 아니하겠고 걸어가도 피곤치 아니하리로다"(사 40:31).

허약하고 무능한 가정과 교회, 이대로는 안 된다. 사역 현장을 하나님의 군대로 재편성하라. 역전의 용사, 바로 그대여야 한다. 초대교회의 모습을 본받아 흥겨운 잔칫집 같은 천국 지점을 만들어라. 가나의 혼인 잔칫집처럼 지금까지 좋은 포도주를 두었도다(요 2:10) 하는 상쾌한 소식을 듣도록 하라. 할렐루야!

너희 행위에는 상급이 있느니라

구스의 세라 군사 100만 장병을 통쾌하게 전멸시킨 유다 아사 왕의 승전은 "사람으로 주를 이기지 못하게 하소서!"(대하 14:11)라는 절규에 대한 하나님의 보상이었다. 고삐를 늦추지 않고 선지자 아사랴는 "우상을 파괴하소서! 하나님의 제단을 견고히 하소서!"라고 당부하며 행위에는 상급이 따른다(대하 15:7)는 확신을 심어 주었다. 행동을 달아보시는 하나님(삼상 2:3)의 저울추는 정밀하여 "적게 심는 자는 적게 거두고 많이 심는 자는 많이 거두는"(고후 9:6) 수확의 법칙에 충실할 것을 다짐하라 하신다. "죽은 자들이 자기 행위를 따라 책들에 기록된 대로 심판을 받는"(계 20:12) 재판정에 출두할 채비를 했느냐고 다그쳐 물으신다. 후한 상을 준비해 놓으셨다고 받으라 하신다.

기독교는 기복종교가 아니다. 그러나 성경 구절구절에 상 주시겠다는 포근한 말씀으로 가득 채워졌다. 냉수 한 그릇 대접한 상으로부터 주를 위한 땀과 박해까지도 흡족히 상 내려주시는 정 많은 주님이시다. 선물로 받은 하루는 천국 상을 마련할 수 있는 기회이고 내가 감당할 일감은 천국 창고에 보화를 챙기는 재료들이다. 진정한 보상은 세상에는 없다. 가짜 상만 많을 뿐이다. 수고의 대가로는 너무나 볼품없는 것들이다. "상급이 그에게 있고 보응이 그 앞에 있으며"(사 40:10), "기뻐하고 즐거워하라 하늘에서 너희 상이 큼이니라"(마 5:12) 하시며 하나님이 직접 하사해 주시는 그 표창을 설레는 마음으로 기다리자.

물론 물량주의에 빠져서는 안 된다. 공로주의에 중독되어서도 안 된다. 오른손이 하는 것을 왼손이 모르게 하는(마 6:3) 겸손을 놓쳐서도 안 된다. 그러나 더 많은 씨앗을 뿌림은 그만큼의 면류관과 바꿔진다는 것을 의심할 수가 없다. "수고를 넘치도록 하고 옥에 갇히기도 더 많이 하고 매도 수없이 맞고 여러 번 죽을 뻔한"(고후 11:23) 사도 바울의 상은 얼마나 엄청날까?

그러기에 그는 대담한 어조로 "내가 선한 싸움을 싸우고 나의 달려갈 길을 마치고 믿음을 지켰으니 이제 후로는 나를 위하여 의의 면류관이 예비되었으므로"(딤후 4:7, 8) 라고 했다. 죽음의 문턱에 올라선 그의 표정은 오히려 시상식에 참석하려는 앳된 소년의 흥분이다. 벅찬 기쁨을 이기지 못해 춤추는 것만 같다. 참으로 부럽고 또 부럽기만 하다.

"땅의 티끌 가운데서 자는 자 중에 많이 깨어 영생을 얻는 자도 있겠고 수욕을 받아서 무궁히 부끄러움을 입을 자도 있을 것이며, 지혜 있는 자는 궁창의 빛과 같이 빛날 것이요, 많은 사람을 옳은 데로 돌아오게 한 자는 별과 같이 영원토록 비취리라" (단 12:2, 3). 할렐루야!

너의 성냄이 어찌 합당하냐

"성내어 죽기까지 할지라도 합당하나이다" 소리 지르며 분노하는 한 선지자는 "이 박넝쿨로 인하여 성냄이 어찌 합당하냐"(욘 4:9)는 하나님의 온유한 질문에 신경질적인 답변을 서슴없이 내뱉는다. 요나는 화풀이를 발산할 만한 충분한 이유가 있다고 대들었다. 날씨는 화로불처럼 뜨거운데 무슨 오기로 벌레로 나무를 갉아 먹게 하여 "사는 것 보다 죽는 것이 나은"(욘 4:8) 푸대접을 받느냐는 거의 발광적 수준이다. 메마른 의무에만 묶인 참담한 선지자에게 하나님께서는 정확한 답변을 들려주셨다. "하룻밤에 났다가 하룻밤에 망한 이 박넝쿨을 네가 아꼈거든 하물며 이 큰 성읍 니느웨는 좌우를 분변치 못하는 자가 십이만여 명이요, 육축도 많이 있나니 내가 아끼는 것이 어찌 합당치 아니하냐"(욘 4:10, 11). 자기가 전도해서 40일이면 멸망될 생명들이 구원 얻은 아슬아슬한 열매들인데도 자기편 자기 민족이 아니라는 편협한 애국심 때문에 미움을 버리지 못하고 반대편은 모두 죽어야 한다는 증오가 밑바닥에 깔린 것이다. 포악한 적들까지도 품고 사랑하신다는 창조자 하나님의 깊은 뜻을 가련한 선지자는 전혀 몰랐다. 안타까운 일이다. 그러면서도 자기만은 불편한 몇 가지를 높이 들고 성질 낼 자격을 충분히 가진 것처럼 꼿꼿한 반응을 보였다. 자신의 실수는 전혀 계산하기 싫어하는 가증한 인간의 간교함이 정당한 원망으로 포장하고 나온다. 오! 비열한 죄인들이여!

사실 그는 마땅히 백 번, 천 번 감사만 말해야 할 사람이다. 구약에서는 최초의 선교사로 선출된 특혜를 받은 사람이다. 자격은 철저히 미달인데도 하나님의 신임이었다. 오늘날 앗시리아 종족들은 그때 니느웨 선교로 100% 기독교인이 되었단다.

또한 물고기 뱃속에 삼켜, 먹이로 녹아질 한심한 자를 기적으로 살려, 3일 만에 부활한 예수님의 예표가 되는 예언적 선지자가 되는 남다른 축복도 받았다. 정면으로 고집 부려 도망친 사명 없는 삯꾼을 두 번씩이나 다시 불러 재기시키는 특수한 사랑까지도 과분하게 받은 행운아다. 징벌 받을까 무서워 겨우 하룻길을 돌면서 외친 성깔 있는 설교였지만 왕과 백성 모두가 회개하고 짐승까지 금식하는 희한한 광경이 벌어졌다. 베드로의 설교에 삼천 명이 통곡하는 대사건과 견줄만한 대부흥사로서의 흔적도 남겼다. "여호와께서 내게 주신 모든 은혜를 무엇으로 보답할꼬"(시 116:12)란 감격만 간직할 은총 받은 선지자이다. 바로 우리 모두가 비밀스러운 복을 넘치게 받은 것처럼 말이다.

"사람의 성내는 것이 하나님의 의를 이루지 못함이니라"(약 1:20). 성질 급한 우리 각자에게 타일러 주신다. "분을 그치고 노를 버리라! 불평하여 말라! 행악에 치우칠 뿐이라"(시 37:8)고 경고 하신다. 감정이 폭발되었다면 "분을 내어도 죄를 짓지 말라"는 방어책까지도 제시해 주신다. 그 비결은 "해 지도록 분을 품지 않음"(엡 4:26)에 있다. 즉시 풀라는 말이다. 독기를 품고 죄를 지어 저주 받을까 싶어서다. "이것까지 참아라!"(눅 22:51)는 우리 주님의 인내의 명령을 따라야만 하리라. 참을 수 없는 바로 그것까지도 참아야 한다는 어명이시다. 단 한 가지 아덴성의 우상을 보고 분개했던 바울의 의분(義憤)만은 제외하고 말이다.

왕께 구하는 것은 다 받는 사람

왕께 구하는 것은 다 받는 사람이 있단다. 얼마나 왕의 신임을 받았기에 그랬을까. 학사 겸 제사장이라 불리는 에스라를 지칭한 말이다. "여호와의 도우심을 입으므로"(스 7:6)란 비결까지 정확히 표현되었다. 그가 바벨론에 억류된 이스라엘 백성들을 인솔하여 나올 때에도 "하나님의 선한 손의 도우심을 입어"(스 7:9) 예루살렘에 안전하게 돌아올 수 있음을 감사했다. 전능자의 큰 손이 배경에 있었다. 그러기에 걸출한 인물이 될 수 있었다. "여호와의 손이 나의 위에 있으므로 내가 힘을 얻어"(스 7:28). 수리아 안디옥 교회가 폭발적인 부흥을 할 수 있었던 비결도 여기에 있었다. "주의 손이 그들과 함께 하시매 수다한 사람이 믿고 주께 돌아오더라"(행 11:21). 인심(人心)이 천심(天心)이 아니다. 천심이 인심이다. 하나님의 마음에 흡족하시어 도우시기로 작정하시니 왕까지도 천명을 따른 것이다. "다윗을 만나니 내 마음에 합한 사람이라"(행 13:22)며 좋아하시던 하나님께서는 "다윗이 어디를 가든지 여호와께서 이기게 하시니라"(삼하 8:6). 천하무적의 성군으로 올려 놓으셨다. 대체 에스라는 어떠했기에 높으신 분의 든든한 보호를 받았을까?

"에스라가 여호와의 율법을 연구하여 준행하며 율례와 규례를 이스라엘에게 가르치기로 결심하였더라"(스 7:10).

말씀에 깊이 침몰한 자다. 그리고 말씀대로 살았다. 이에 그치지 않고 그 말씀을 모든 사람들에게 가르칠 결심을 가지고 외쳤다. 수문 앞 광장에 전국적인 집회를 열고 율법을 낭독하고 해석할 때에 말씀을 듣고 울며 통곡하고 여호와께 대한 경배를 다짐하였다(느 8:3). 우선순위를 분별하여 하나님의 말씀으로 기초를 든든히 쌓았다. 말씀이 삶의 기준이 되고 지략으로 삼았다.

더 나아가 무릎 꿇을 줄 아는 자다. 위험한 귀향길에 바벨론 군사의 호위를 요청받아 넉넉히 안전한 길을 올 수 있었다. 평소에 하나님은 자기를 찾는 자에게 선을 베푸시는 만능신이라고 왕께 말씀드렸는데 경비병을 청원한다는 것은 부끄러운 일이었다. 그리하여 아하와 강가에서 금식을 선포하고 매달려 애타게 기도함으로 응답받고 목적지에 무사히 도달할 수 있었다(스 8:23). 간구하는 자에게 하늘의 보화창고가 열리고 권능까지도 끌어쓸 수 있는 비책을 터득했다.

그 뿐만이 아니다. 죄에 대하여는 떨림을 가진 자다. 이방여인을 취하고 순결이 더럽혀지는 간악한 죄를 보고서는 "내가

이 일을 듣고 속옷과 겉옷을 찢고 머리털과 수염을 뜯으며 기가 막혀 앉으니"(스 9:3), 민족의 죄를 자기의 것으로 그대로 받아 들여 "내가 부끄러워 낯이 뜨뜻하여 감히 나의 하나님을 향하여 얼굴을 들지 못하오니 ~우리 허물이 커서 하늘에 미침이니이다"(스 9:6). 통곡하며 용서를 구하고 드디어 대대적인 숙청 작업에 들어갔다. 이방여인 축첩한 자의 명단을 공포하고 여인들을 쫓아내고 위기일발에서 이스라엘을 건져 내었다. 죄에 대하여는 타협을 모를 뿐 아니라 더러운 세력을 몰아내는 용맹을 가졌다. 그 앞에서는 불의가 춤추지 못했다. 사탄의 놀이터를 허용치 않았다. 하나님도 의리가 있는 분이신데 이같은 일꾼을 어찌 밀어주지 아니하시겠는가.

하나님께서는 이 시대의 에스라를 채용하여 사용하고 싶어 하신다. 모집 인원은 무제한이다. 에녹이나 노아도 하나님과 동행함으로 비범한 인생을 살았다. 천하무적의 힘이 바로 여기에 숨겨져 있다. 에스라의 영성을 받게 하소서! 그렇게 살게 하소서!

상달(上達)

지상에서 발생되는 모든 사건들은 빠짐없이 하나님께 보고되는 체제가 영적 세계이다. 죄악도 상달된다. "너는 저 큰 성읍 니느웨로 가서 그것을 쳐서 외치라. 그 악독이 내 앞에 상달하였음이니라"(욘 1:2). 전달된 사실을 확인하기 위하여 현장답사를 하러 오시는 경우도 있으시다. "이제 내가 내려가서 그 모든 행한 것이 내게 들린 부르짖음(소돔성의 악한 행위)과 같은지 그렇지 않은지 내가 보고 알려 하노라"(창 18:21). 탈취당한 물건들도 쉼 없이 억울함을 호소한다. "담에서 돌이 부르짖고 집에서 들보가 응답하리라"(합 2:11). 심지어 지불치 않은 품삯과 노동자의 탄식소리도 하나님의 귓전에 들린다. "너희 밭에 추수한 품꾼에게 주지 아니한 삯이 소리지르며 추수한 자의 우는 소리가 만군의 주의 귀에 들렸느니라"(약 5:4). 악한 일들이 소상하게 심판주에게 접수된다. "네 아우의 핏소리가 땅에서부터 내게 호소하느니라"(창 4:10). 인간의 억울함과 원통스런 탄식소리도 수증기처럼 떠서 올라가 아뢴다. "이스라엘 자손은 고역으로 인하여 탄식하며 부르짖으니 고역으로 인하여 부르짖는 소리가 하나님께 상달한지라"(출 2:23). 티끌 하나도 그 앞에 숨김없이 노출되고야 만다. 두렵고 떨리는 가슴으로 철저히 철저히 회개해야만 한다. 악행은 사람에게 해를 주는 것이지만 죄는 하나님께 짓는 것이다. "우리가 어찌 이 큰 악을 행하여 하나님께 득죄하리이까"(창 39:9). 더 이상 하나님의 얼굴을 찌푸리게 해드리지 말아야 한다. 우리의 오만스럽고 거친 행동이 둥둥 떠서 하늘에 올라갈 때마다 "네 교만을 인하여 은근히 곡하고 계신다(렘 13:17) 라고 말씀하신다. 우리의 변덕스런 행동의 연속으로 "뜻을 돌이키기에 염증이 났음이라"(렘 15:6) 라고도 말씀하신다. 불량성적표가 송달되지 않도록 하자. "네 기도와 구제가 하나님 앞에 상달하여 기억하신 바가 되었으니"(행 10:4). 기도와 구제가 상달되도록 하자.

세계에 영적인 큰 변동이 오도록 기도하자. 자기 지역과 선교지에 영적 지진이 일어나도록 기도하자. 한편 우리의 선함이 상달되게 하여 하나님께 기쁨을 안겨 드리자. "너희의 행위에는 상급이 있느니라"(대하 15:7). 하나님 나라에서 실업자가 되어서는 안된다. 주일날 교회에 얼굴만 내미는 교회 승객이 되지 말자. 구경꾼 교인에서 탈피하여 적진에 대포를 퍼붓는 용사가 되어야 한다. 입으로만 십자가 군병이라고 중얼거리는 죄에서 벗어나자. 전쟁을 경험하지 못한 무능한 용사가 되지 말고 하나님 군대에서 선두에 서자. 하찮은 게임을 중단하자. 네 기도와 구제가 상달하여 기억하신 바가 되었으니!

어찌하여 이렇게 행하였느냐

그렇게만 했으면(니느웨로 가라는 명령에) 끔찍한 벼락 맞는 태풍은 없었을 것이다. 배에 탄 선객들은 매서운 시선과 아우성치는 탄식으로 "어찌하여 이렇게 행하였느냐?"(욘 1:10) 처량하게 서 있는 한 선지자를 향해 윽박지른다. 너 때문에 우리가 다 죽게 되었다고. 뱃사람으로 뼈가 굵어 웬만하면 배를 저어갈 만도 한데 태산처럼 치솟는 덩치 물결에는 속수무책이다. 드디어 요나를 번쩍 들어 풍덩 물 속에 던지는 순간 바다는 금방 어머니 품속의 아이처럼 고요해졌다. 하나님을 감히 항거한 똑똑한(?) 선지자의 실수는 톡톡한 대가를 치러야만 했다.

터지고 싸맨 상처 투성이 부상병 이스라엘 백성에게 하나님께서는 너희가 어찌하여 매를 더 맞으려고 더욱 패역하느냐?(사 1:5) 하시며 울고 계신다. 음란으로 더럽혀진 이 땅을 응시하시면서 신실하던 성읍이 어찌하여 창기가 되었는고!(사 1:21), 내 아들아 어찌하여 음녀를 연모하겠으며 어찌하여 이방 계집의 가슴을 안겠느냐?(잠 5:20) 음탕으로 점령당한 골목들을 바라보시며 소돔성의 불벼락을 받아야 되겠느냐고 흐느끼신다. 명예와 권력에 중독된 교권주의자들에게는 어찌하여 여호와의 총회 위에 스스로 높이느냐?(민 16:3) 하나님보다도 높아지려는 고약한 교회 정치 지도자들에게는 화 받을지어다! 하시는 것만 같다. 겸손이 존귀의 앞잡이인 것(잠 18:12)을 왜 모르는지 안타깝기만 하다. 제 허물을 나직이 앉아 헤아려 볼 생각은 접어두고 이웃을 헐뜯는 험상궂은 트집쟁이들에게는 어찌하여 나로 네 눈 속에 있는 티를 빼게 하라 하겠느냐?(마 7:4)

네 눈 속의 들보부터 빼어 내라고 호통을 치신다. 도대체 남 판단할 권리를 언제 받았느냐고 야단치신다. 사리사욕에 눈이 먼 지도자들에게는 어찌하여 너희가 내 백성을 짓밟으며 가난한 자의 얼굴에 맷돌질 하느냐?(사 3:15) 착취에만 골몰하는 잔인한 지도자를 여지없이 힐난하신다. 선과 악 사이에서 명확한 경계선을 긋지 아니한 애매모호한 기회주의자들에게 어찌하여 옳은 것을 스스로 판단치 아니하느냐?(눅 12:57) 둘 사이에서 머뭇거리지 말고, 두려워 떨지 말고 하나님 편에 선명하게 서 있어야 할 것을 당부하신다.

마지막 심판의 날 우리는 하나님 면전에 모두 다 서게 된다. 어찌하여 이렇게 행하였느냐고 질문하실 것이다. 답변 준비를 반드시 해야 한다. 여호와의 일을 태만히 하는 자는 저주를 받을 것이요(렘 48:10) 경고하신다. '하나님이 시시하지 않으신 것처럼 우리도 시시하지 않게 하옵소서!' 해야 한다. 겁내지 마라. 어찌하여 무서워하느냐! 믿음이 적은 자들아!(마 8:26). 난장판이 되어진 세상이라 하여 아예 도피할 생각을 하지 마라. 하나님의 건설 계획에 과감히 뛰어 들어 의의 나라를 반드시 세워야만 한다. 너희 담대함을 버리지 말라(히 10:35) 하신다. 어명이신 하나님의 명령에 지체 없이 '아멘!' 하고 순종하는 자세를 갖추고 전진해야 한다. 할렐루야!

우선 순위 제 일 번부터

예수님께서는 우선순위를 명확히 하셨다. '먼저' 그 나라와 그 의를 구하라 하신다(마 6:33). 그리하면 이 모든 것(차선의)을 저절로 얻는다 하시며 풍성해지는 비법을 말씀하셨다. 서기관의 얄궂은 질문에 첫째는 하나님을 사랑하고, 둘째는 이웃을 자기 몸처럼 사랑하는 것이 율법의 핵심적 순서임을 선포하심으로 비중을 어디에 두어야 할 것을 알려주셨다. 우리 주님은 자신의 소원은 언제나 버금으로 하시고 하나님의 뜻을 우선순위 일 번으로 두셨기에 하나님께 기쁨을 드렸고 "다 이루었다!" 하시는 후회 없는 승리자 그리스도가 되셨다. 여호와께 묻지 않고 신접한 자를 찾은 사울은 안타깝게도 왕위와 목숨을 유지하지 못한 채 버림을 받았고(대상 10:14) 회복할 기회를 주고 싶으신 하나님의 '네 아우가 어디 있느냐' 는 물음에 자백만 하면 되었을 것을 잡아떼기로 일관한 가인은 지옥 불 화염 속에서 얼마나 가슴 치며 통곡하고 있을까.

어느 날 교수가 항아리를 들고 교실에 들어섰다. 교탁 위에 그 그릇을 놓고 미리 준비된 큰 돌을 책상 밑에서 하나씩 꺼내어 거기에 가득 넣었다. "이젠 다 채워졌나?" 묻는 말에 학생들은 "예!" 라고 답을 했다. 이어 교수는 조그마한 조약돌을 꺼내어 사이사이로 집어넣어 아귀까지 메웠다. "다 찼을까?" 하는 질문에 속지 않으려는 학생들은 "글쎄요" 라고 답을 했다. 교수는 다시 모래를 꺼내어 부었다. 사이사이로 "쏴"하며 빈틈을 메워 가며 입까지 덮었다. "이제는 다 찼지?" 하는 답변요구에 "아니요!" 하는 기지를 발휘했다. 마지막으로 교수는 물통을 집어 물을 부었다. 막힘없이 그릇에 부어졌고 넘쳐 흘렀다. 엄숙한 분위기 속에 지혜로운 스승은 황금 교훈을 던졌다. "작은 것부터 먼저 채우면 아무것도 들어 갈 수 없습니다. 그러나 큰 것부터 저장하면 모든 것을 가질 수 있습니다." 환상 중에 지옥에 떨어지는 인간이 얼마나 많은지 함박눈이 떨어지는 것 같다는 것을 목격한 '분도 라브르'는 세상 영광을 즉시 포기하고 13년간 수도사로 고행하면서 주님만을 흠모하며 살았다. 짧은 35세 생애에도 전 로마시를 감동시킨 거지 성자로 숨을 거두었고, 보다 더 나은 진지한 인생을 설계하라고 절규하는 것 같다.

쓰레기 같은 불순물을 삶의 시간 속에서 그리고 선교 현장과 교회 내에서 처리해야 할 순간이 된 것 같다. 교회의 우선 순위 일 번이 선교와 구제라면 차선에 불과한 운영비를 줄여야 하지 않겠는가. 이미 짜인 차선 때문에 최선의 선교를 못한다면 차선은 최선의 적이 아닐까. 어서 바꾸라. 주님의 호령이 무섭지 않은가. 눈을 뜬 후 무엇부터 생각하는가. 예수님의 심정을 품고 주의 일에 가담하자. 자신의 생애가 조각가의 예술품처럼 향기롭고 보람된 생애로 풍성한 삶을 누리자. 대기업에 들린 어떤 나그네가 기업의 대 성공 비결이 있다고 제안하면서 거액을 요구했다. 실행해보고 돈을 주겠다고 약속을 한 후 과연 그 방안이 회사에 획기적인 발전이 된 것을 본 사장은 엄청난 대금을 선뜻 지불했단다. 그 비책은 회사의 일과를 우선 순위를 정하고 집행하라는 평범한 상식이었다.

예물을 드림보다 '먼저' 형제와 화목하라 하신다(마 5:24). '먼저' 서로 우애하고 존경하라(롬 12:10)하시며 복음이 '먼저' 만국에 전파되어야 한다고 하셨다(막 13:10). 하나님이 요구하시는 최선, 급선무가 있다. 극상품 포도열매를 기대하시는 분이시다(사 5:2). 최상의 종자와 자료를 주셨기 때문이다. 하나님의 영이 우리 안에 계시기 때문이다. 할렐루야!

천국 배우가 되어

찰리 채플린은 희극배우와 감독으로 청중에게 웃음을 폭발시킨 영국 출신 미국 배우다. 그가 세상 떠난 지 30년이 넘었지만 코미디언으로 잊지 못할 명 스타로 자리 잡고 있다. "인생은 연극과 같다"(후쿠자와 유키치)는 말처럼 인간들은 학생 시절이라는 연극수업을 거쳐 직장과 일터 곳곳에서 배짱 좋게 주연배우로 활약하다가 정년이 되어 변두리에 머무른 뒤 인생무대를 소리없이 떠나게 된다(욥 14:10). 웃기고 울리다가 무대의 막이 닫히면 역사는 그를 평가하고 하늘나라에서는 세밀한 검

토 작업을 벌인 후 상벌을 내리게 된다(단 12:2).

연극의 세 요소는 희곡(각본)과 배우 그리고 관객이다.

첫째, 천국 극장에서의 희곡은 성경이다. 이 안에는 어떻게 말해야 할 것, 어떤 자세를 가져야 할 것들을 다 기록하고 있다. 상영 목적은 오직 죽어가는 자가 살아나고 낙심된 자가 소망으로 춤추고 무덤이 종착역인 줄 알았던 자가 천국까지 가는 특권을 선물하기 위함이다.

둘째, 배우는 물론 그리스도인 모두다. "목사는 진리를 거짓인 양 희미하게 말하고 배우는 거짓을 진리인 것처럼 확신있게 말한다"란 탄식이 있다. 관객의 마음을 사로잡을 수 있는 매력적인 일류급 배우로 인생무대에 서야 한다. 진한 감동을 받은 청중들이 그 탤런트가 출연한 촬영지를 보기 위해 일본에서 대만에서 한국의 세트장을 찾는 것처럼 천국배우의 매력적인 생활 연기에 감동 받은 관객들이 교회와 천국나라로 몰려 와야 한다. 가끔 마약이나 도박으로 치명적인 상처를 입고 결국은 몰락하는 스타들의 몰골을 보게 된다. 기독교 스타들은 어떠한가? 추하고 역겨운 자태를 보여 주지는 아니 했는가. "주인의 집에 수치를 끼치는 너여! 네가 그 곳에서 죽겠고"(사 22:18). 엄중한 경고를 내리신다. 가족이나 친척의 존경은 받는가? 사회가 인정하는 모범 직원인가? 국가가 필요로 하고 교회가 사모하는 흠 없는 성자인가?

셋째, 관객은 천사와 인류전체다(고전 4:9). 관객 없는 영화가 되어 흥행하지 못할 때 제작사는 도산하게 된다. 개척교회가 관객이 없어 문을 닫는다는 말이 들린다. 왜 교회에서 연출하는 볼거리(예배라고 하자)를 그렇게도 흥미없다 하는가. 왜 저들의 심금을 울리는 감동을 주지 못하는가? 교회는 삼류극장보다도 못한가? 음악, 분장, 의상, 무대장치, 조명 등이 모두 침침하고 엘리 제단처럼 이상이 끊겼는가(삼상 3:1). 관객은 끌리는 자석의 본성을 가진다. 예수님에게 이끌리는 힘이 있듯이(요 12:32) 교회는 십자가의 흡인력으로 끌어들여야 한다. 관객 탓만 하는 패배자의 변만 늘어놓지 말라. 거짓에 뿌리를 둔 사이비 집단도 대흥행을 하는데 진리의 종사자들은 더 정열적으로 파고 들어가서 예수님의 넓은 품안으로 입장시켜야 하지 않겠는가. 하나님께서는 오늘도 예수님 닮은 천국배우의 출현을 간곡히 원하신다.

폭도가 던지는 돌무더기 속에서도 천사의 얼굴로 미소 짓는 스데반의 남성미(행 6:15), 분명한 무식쟁이인데도 삼천 명을 압도하여 회개시킨 베드로의 카리스마(행 2:41), 밤낮 쉼 없이 넘치는 수고로 양떼를 돌본 바울의 희생적이고 고고한 삶(고후 11:23), 왕들이 감탄한 절세미인 사라가 남편을 왕처럼 섬긴 아름다운 부덕(婦德)의 미(벧전 3:6), 꽃미남 요셉이 풍겨주는 순결미(창 39:9), 차원 높은 물질관을 가진 무소유의 아브라함의 고귀한 인품(창 13:9), 연이은 고난 속에서도 잘 참을 뿐 아니라 오히려 감사만을 말하는 욥의 두툼한 입술(욥 1:21). 이들은 매력 만점의 기독교 일류 스타들이다. 천국극장을 대 만원으로 채운 자들이다. 할렐루야!

고개 숙여라! 점수 깎일라

오른손이 하는 것을 왼손이 모르게 하라(마 6:3)는 예수님의 당부는 희생적인 수고로 걸출한 업적을 쌓고도 행여 자기 자녀들이 하늘의 상을 받지 못하는 억울함이 있을까 해서 내린 정겨운 훈계이시다. 자기의 공적을 뽐내어 융숭한 대접을 받는 순간 천국의 상은 불 꺼지듯 사라지고야 말기 때문이다. 이 비밀을 깨달은 눈치 빠른 바울은 하늘상급이 더 풍성해지기 위해 응당 받을 보수의 권리까지 미련 없이 포기했다. "그런즉 내 상이 무엇이냐 내가 복음을 전할 때에 값없이 전하고 복음으로 말미암아 내게 있는 권리를 다 쓰지 아니하는 이것이로다"(고전 9:18).

자기 공로 들추는 오만한 자와는 별로 감정이 좋지 않으신 하나님이시었다. 불가사의라 부르는 웅장한 바벨론 도성을 건설한 느부갓네살 왕이 궁 지붕을 거닐면서 내 능력과 권세로 건설하여 내 위엄의 영광을 나타낸 것이라(단 4:30)며 거드름을 피우는 순간 왕좌에서 쫓겨나 칠 년 동안 짐승처럼 사는 비천에 떨어진 것을 보았다. 절망에서 일어선 사람은 백 명이나, 성공 뒤에 일어선 사람은 한 사람 정도란다. 구십구 명은 성공 뒤에 실패한 자들이다. 강성한 후에 율법을 어긴 르호보암 왕(대하 12:1)처럼 힘겹게 이룬 공든 탑을 스스로 허무는 억장 무너지는 실수를 거듭하고 있다. 먹어 배부르고 살찌면 으레 하나님을 멸시하는(신 31:20) 사악한 전통을 아담의 후손들은 겁없이 이어 가고 있다. "교만은 패망의 선봉이요 거만한 마음은 넘어짐의 앞잡이"(잠 16:18)라 일러 주셨는데도 천국백성까지도 발칙스럽게 왕자병에 걸려 있다. 하늘성도들의 대환영 속에서 천군천사의 부러움을 받으며 받아 누릴 진기하고도 값진 찬란한 상을 어리석은 인간들은 뒤죽박죽 하찮은 것으로 바꾸고 있다(마 6:16). 사람에게 보이려고 하는 금식, 경건을 뽐내는 외식하는 서기관과 바리새인 일당을 '화 받을 자들' 이라고 주님은 단정하셨다. 방언과 천사의 말을 하는 속칭 신령한 자들, 예언을 말해주고 산을 옮길만한 큰 믿음을 가진 능력의 사자도, 재산을 줄여 가난한 자 찾아 구제하고 몸을 불 속에 용감히 던져 순교한다 해도, 단 사랑없이 한 일이라면 자신에게 아무 유익이 없을 뿐 아니라 모두 허탕이라는 선언이시다(고전 13:1-3). 얼마나 억울할까? 하늘나라에 상달되지 못하는 신앙과 행위는 모두 가짜란다. 화려한 면류관이 증발당한 자들이다.

　　머리 숙여라! 안다 해도 모르는 것이 더 많은 법이다. 재벌로의 출세도 하나님께서 재물 얻을 능을 주셨기 때문이다(신 8:18). 풍성한 사역의 열매를 자랑하고 싶은가? 당신이 모르는 신실한 자들이 하나님만이 아는 토실토실한 실과를 지구촌 곳곳에서 익히고 있는 중임을 알아라. 방심할 때가 아니다. 자기는 사정거리 밖에 있다고 차별화하지 마라. 천국의 층계에 발을 딛기 전까지는 순간의 실수와 유혹으로 곤두박질하게 될까 쉼없이 겸허해야만 한다. 성자의 선상에 서도록 자신을 매몰차게 다루고 섬뜩한 마음으로 경계하라. 우쭐해지려는 경박한 자신을 스스로 가택 연금시켜라. 마지막 웃는 자만이 참 승자다. 예수님의 분신(分身-살과 피를 같이 나누었으니)들이여! 주님의 유업에 상속자가 되려면 세상물질과 영화는 일용할 양식만큼만 누려라. 예수님 보다 상석에 앉지 마라. 고개를 더 숙여라. 주님 은혜 아닌 것이 하나도 없다. 주님의 극진한 돌보심에 오직 감사할 뿐이다. 할렐루야!

보다 더 값진 보화를 가진 자

"천국은 마치 진주를 구하는 장사꾼과 같다(마 13:45)"고 하셨다. 값진 보물을 탐색한 상인은 소유물을 다 팔아 그 보화를 기필코 움켜쥐었다. 그 보석덩어리 하나로 옛날 재산과는 비교가 안 되는 대박이 터진 것이다. 천국 보화는 어디 숨겨져 있을까? 성경에 묻혀 있다. 신령한 눈으로 보면 즉시 발견되도록 가까운 낮은 곳에 진열해 놓으셨다. 안타깝게도 교회는 달콤한 팥죽을 내놓기 싫어 어마어마한 보물을 놓치고 있다.

"적은 무리여 무서워 말라 너희 아버지께서 그 나라를 너희에게 주시기를 기뻐하시느니라"(눅 12:32). 완전 보장을 약속하는 희열의 말씀이다. 반면 "너희 소유를 팔아 구제하여 낡아지지 않는 주머니를 만들라"(33절)는 바로 다음 절의 말씀은 세상을 부요케 하고 하늘 거부가 되는 비결인데도 강조되지 않은 채 거의 무시당하고 있다. 농도 있게 사모할 진수인데도 말이다. 신명기 28장은 나가도 들어와도 복 받고, 머리가 되고 꼬리가 되지 않는다는 축복덩어리다. 그러나 축복말씀은 19절에 불과하고(1-19) 저주에 대한 경종의 말씀은 두 배가 넘는 49절이나 된다(20-68). 배부르면 타락하는 인간의 습성을 아시고 갑절로 저주의 말씀을 연거푸 말씀하셨다. 그러나 이 부분을 경고하지도 않았고 경청하지도 않았다. 그래서 인간은 재앙을 받으면서도 회복되지 못하고 있다. "우리가 알거니와 하나님을 사랑하는 자 곧 그 뜻대로 부르심을 입은 자들에게는 모든 것이 합력하여 선을 이루느니라"(롬 8:28). 행운이나 불행 어떤 경우에도 하나님께서 더 좋은 결말을 주신다는 솟구치는 희망의 말씀이다. 다음 29절에서는 그 아들의 형상을 본받기 위함이라고 이유를 밝히신다. 환난도 복으로 되받는 축복의 사람들은 반드시 성화의 과정까지 어김없이 밟아야 복 받은 자의 보답일 것이다. 그리스도인들은 주님 가르치신 기도를 틈만 나면 반복 암송한다(마 6:9-13). 그러나 세상은 변하지 않고 분열은 더해 간다. 그 다음 14절, 15절 말씀까지를 '주님의 기도' 라 봐야 한다고 토리 신부는 역설한다. "너희가 사람의 과실을 용서하면 너희 천부께서도 너희 과실을 용서하시려니와 너희가 사람의 과실을 용서하지 아니하면…". 우리는 수 세기 동안 남의 허물을 용서해줌 없이 감정의 골을 덮어둔 채 주문 외듯이 감동 없는 기도로 주님을 괴롭혔다. "사랑하는 자여 네 영혼이 잘됨같이 네가 범사에 잘 되고 강건하기를 내가 간구 하노라"(요삼 2절) 삼박자 축복이라 말한다. 바로 밑의 3절, 4절은 축복받은 자의 삶이다. 진리 안에서 행한다 함을 듣는 것보다 더 즐거움이 없다는 주님의 소원이시다. 복 받은 자는 진리 안에서 살아야 함을 새록새록 되살려야 한다. 항상 기뻐하고 쉬지 말고 기도하고 범사에 감사하라는 말씀(살전 5:16-18)을 익히 암송한다. 그러나 바로 전의 15절의 모든 사람을 대할 때 항상 선을 쫓으라는 구절까지를 하나님의 뜻으로 포함시켜야 한다. 이 말씀을 도태시키므로 혼자는 경건하나 남을 배려하지 못하는 파렴치한 불구자 신앙이 되었다. 심마니(산삼 캐는 사람) 정신만 가졌어도 곁의 보화를 놓치지 않았을 것이다. "심 봤다"를 외치며 그 귀한 말씀을 주워 담았을 것이다. 본회퍼는 값싼 은혜를 맹렬히 비난한 바 있다.

화들짝 깨어 보물을 찾자. 일곱 아들보다 귀한 며느리가 있듯이(룻 4:15) 열 아들보다 나은 아내가 있듯이(삼상 1:8) 열두 보석으로 곱게 꾸민 예수님의 진기한 신부가 되자. "깊은 데로 가서 그물을 던지라"(눅 5:3)고 하신다. 짜릿한 흥분으로 포만감을 갖지 말라. 얕은 신앙에서 고차원의 사도행전의 사람들로 승격되었으면 한다.

부흥이여 어서 오라

가슴 졸이며 애타게 부르짖는 가엾은 선지자의 절규가 있었다. 선지자의 절규가 역사의 끝자락까지 메아리쳐 우주에 붕붕 떠다녀 부흥의 기원이 되었다. "여호와여! 수년 내에 부흥케 하소서! 여호와여! 여호와여! 수년 내에 부흥을 주시옵소서!" 그 응답으로 과연 오순절 다락방에서 바람처럼 불처럼 성령님은 장엄하게 강림하셨다. 예루살렘을 점령한 성령불은 예수님께서 친히 지정해 주신 유대로, 사마리아로 그리고 땅 끝까지 맹렬히 퍼져 나갔다.

내년 2007년은 대부흥이 일어난지 만 100년이 되는 해여서 'Again 1907'이란 기치를 높이 들고 한국의 천만 여 성도의 갈멜산 기도가 시작되었다. "여호와여! 불로 응답하소서!" 바알신의 압승으로 끝날 위기 순간에 울부짖던 엘리야처럼, 한국교회의 성장둔화, 교회침체, 영적 혼돈이란 10년간의 긴 가뭄이 지속되는 위기를 타개해야만 하기에 성령의 방망이로 깨뜨려 달라고 다같이 갈멜산 꼭대기로 모여야만 한다.

강단까지 기어 올라온 이세벨의 음란을 칼로 베어내야 한다. 장자권을 빼앗아 가려는 에서의 팥죽을 엎어 버려야 교회는 살 수 있다. 명예를 탐내어 분열을 획책하는 고라의 패역한 당파를 질그릇같이 깨뜨려야 한다. 불 꺼진 한국 교계에는 그 동안 음란과 분쟁과 거짓말과 경쟁심과 탐욕이 독버섯처럼 무성해지고 있다. 위기설이 나돌고 있다. 재앙이 선포될 먹구름이 짙어진다. 축복이 회수당할 위험에 있다.

새벽별이 솟는 것을 보라. 2020년까지 100만 명의 자비량 선교사 배출! 통쾌하기만 하다. 2030년까지 10만 선교사 파송! 한국 교회는 성령의 감동 속에 선교한국을 세우기로 작심하였다. 참신한 변신을 시작하기로 하였다. 보라! 새것이 되었도다. 한국 크리스천들은 사도행전에서 금방 뛰쳐나온 싱싱한 젊음을 가져라. 교회는 절망의 늪에 빠진 동포에게 희망을 파는 상점이 되어라. 부자 집에 가서 밥을 얻어다 거지들을 먹여주는 '대신 거지'가 있었단다. 풍부한 하나님 집에서 기름진 생명의 떡을 실어와 요셉의 풍성한 곳간을 짓고 세계를 먹여 살리는 '거지교회'가 되자. 회개에 용감한 사람들이 이 시대의 지도자가 되고 교회의 영웅이 되어야만 한다.

"여호와께서 그 백성의 상처를 싸매시며 그들의 맞은 자리를 고치시는 날에는 달빛은 햇빛 같겠고 햇빛은 칠 배가 되어 일곱 날의 빛과 같으리라"(사 30:26). 할렐루야!

천국 이민 알선업자

광활한 영토를 차지했으면서도 인구가 희소한 미주 대륙이나 남방 호주에서는 세계의 많은 인종을 받아들이는 이민정책을 쓰고 있다. 직계가족에 의한 초청이민, 사업할 사람에게 허락되는 투자이민, 자국 내 부족한 기술 인력을 충원키 위한 기술이민, 영어실력과 전자기술을 가진 자에게 열려있는 전자이민, 그리고 인도주의적 망명까지를 포함해서 국경을 넘는 세계적인 대 이동을 한다. 해외이주 알선업체나 이주공사들은 호황을 누리고 1962년 '해외이주법'을 제정하고 장려한 이후 우리 민족은 한 해 평균 이만 오천 명이 이민선에 오른다. 특히 미주 땅에 간 우리 동족은 거기서 예수님 만나 구원의 행복을 누리는 은총을 받았고, 교민이 머문 곳에는 반드시 교회가 설립될 뿐 아니라 해외선교, 특히 북한선교에는 남한의 교회보다 탁월한 선교열매를 거두고 있다. 인도나 중국 기타 인종이 정착한 곳에는 우상 신전이 건립되어 거룩한 땅을 더럽히는 것과는 다른 양태를 보인다. 이민 이유에 대하여 "무조건 나가고 싶었다" "좁은 한국에서 평생 마치고 싶지 않았다" "여유있게 살고 싶어서" "보다 다양한 삶을 경험하고 싶어서" "이민병에 걸려서" "이민만이 살길이라는 생각에서" 출발한 저들은 맨땅에 헤딩하는 투혼을 발휘하였다. 그럼 이들이 참 행복한 낙원에 살고 있을까? 더 이상 바랄 것이 없을까? 아니다. 분명 아니다.

다시는 후회가 없는 최후 이민, 최상 최선의 이민, 그래서 천국이민을 강력히 권해야 할 필요를 느낀다. 하나님은 우리를 "그의 사랑의 아들의 나라로 옮기는 일"(골 1:13)을 원하셨고 "사망에서 생명"(요 3:24)의 선물을 약속하셨다. 구원은 "천국에 들어가도록 하는 사업"(딤후 4:18)이며 "예수님의 왕좌에 함께 동석"(엡 2:6)하는 영광이기도 하다. 지구의 땅과 나라가 모두 소멸될 때 다가올 "새 하늘과 새 땅"(계 21:1)에 들어갈 준비를 해야 한다. 온 우주보다 더 큰 영토요, 질병과 눈물이 없고 그리고 죽음이 없는 평강의 나라가 존립한다는 것은 인류 최후의 소망이다. 뿐만 아니라 선한 일에 대한 최상의 상을 받는 정의로운 최종 왕국이다(딤후 4:8). 언젠가는 우리 모두 지구를 떠나게 될 터인데 "저승길에는 주막집이 없다는데 오늘밤 어디서 잘고"하는 만가(輓歌)를 부르는 신세가 된다면 얼마나 애처로울까. "만일 땅에 있는 우리의 장막집이 무너지면 하나님께서 지으신 집 곧 손으로 지으신 것이 아니요 하늘에 있는 영원한 집이 우리에게 있는 줄을 아나니"(고후 5:1). 누구나 천국에 와서 살자 라는 주님의 초청이요 약속이다.

그러나 악덕 이민알선업체의 농간으로 피해 상황이 속출하듯이 정체불명의 이단들과 거짓종교의 꼬임으로 지옥행 이민 수속을 무더기로 밟고 있다. 우리의 나태한 직무유기로 사탄은 그리스도인을 비웃고 많은 생명을 수렁에 빠뜨리고 있다. 사도 바울은 그의 전도를 그리스도와의 중매로 보았고 기어코 성사시키기 위한 열광적인 열심을 가졌다. "내가 하나님의 열심으로 너희를 위하여 열심 내노니 내가 너희를 정결한 처녀로 한 남편인 그리스도께 드리려고 중매함이로다"(고후 11:2). 예수님과의 결혼으로 천국 국적을 취득케 하고 천국이민을 성공시킨 자다. 이 시대를 인파(인간파괴) 공파(공동체 파괴) 만파(총체적 파괴) 시대라 한다. 어디서 안식을 찾을까. 부지런히 천국 비자 발급에 박차를 더하자. 혈관에 얽히고 있는 욕심의 비계덩어리를 씻어내고 "그 말이 하나도 땅에 떨어뜨리지 않았던"(삼상 3:19) 사무엘의 송곳 영성으로 생명 구출에 가슴을 뜨겁게 하자. 그리스도인은 극성스런 천국이민국 직원이 되자. 천국이민 알선 사업을 크게 번창시키자. 할렐루야!

세상에 속한 사람 그러나 소속되지 아니한 사람

요한복음 17장은 주님의 애절한 마지막 기도다. 우리가 따라야 할 심오한 신앙의 깊이가 다양하게 숨어 있다. 그리스도인의 신분도 역시 여기서 발견하게 된다.

첫째는 세상에서 부름 받은 자다(out of the world). "세상 중에서 내게 주신 사람들"(요 17:6)이라 하신다. 교회(에클레시아)란 뜻도 부름 받은 무리를 말한다. 번연은 천로역정에서 장망성(城)을 떠난 기독도의 출발로 그리스도인의 기원을 정했다. 떠나온 그 때부터 소속이 다르다. 물과 성령으로 거듭 났는가? 천국 국민으로 여겨 자부심을 갖는가? 성령이 언제나 나와 동행하심을 실감하는가? 나의 본향인 천국에 가서 주님과 영원히 살 것을 믿는가? 죄와 사망에서 구출하신 주님의 은총이 너무 벅차 기뻐 춤추었는가?

둘째는 세상에 사는 자다(in the world). "저희는 세상에 있사옵고"(요 17:11)라고 하신다. 바로 이 땅의 빛이고 소금이라 하신다(마 5:14, 14). 희생적 삶으로 오염된 지구를 정화시키라는 명령이시다. "가이사의 것은 가이사에게, 하나님의 것은 하나님께"(마 22:21)라는 두 가지 뚜렷한 사명자로 살라 하신다. 구원받은 자는 모름지기 사회개선의 신성한 책임을 지고 달콤한 가정, 정의로운 사회, 애국하는 국민의 의무뿐 아니라 세계의 치료까지를 감당해야 한다. 지금도 슬픈 자의 눈물을 닦고 계시는 예수님의 자비의 손수건을 물려받아 울고 있는 인류의 위로자가 되어야 한다. 사명자가 되어라.

셋째는 세상에 속하지 아니한 크리스챤이다(not of the world). "저희로 세상에 속하지 아니함"(요 17:14)을 강조하셨다. 세상과 타협하기를 원치 않으셨다. 마귀와 그 사자들과는 영원히 대립상태로 존재한다. "믿지 않는 사람들과 멍에를 함께 메지 마십시오. 의로운 것과 불의한 것이 어떻게 짝이 될 수 있겠으며, 빛과 어두움이 어떻게 사귈 수 있겠습니까?"(고후 6:14). 물고기가 바다 속에서 살지만 바닷물의 짠 소금기가 전혀 몸에 스며들지 않은 것처럼, 시궁창 더러운 곳에서도 고고히 아름답게 핀 연꽃처럼 세상이 감당치 못하는 우아함을 지녀야만 한다. 천국 종자이기 때문이다. "하나님께서는 당신을 지금의 모습 그대로 사랑하십니다. 그러나 당신을 그대로 놓아두시지는 않습니다. 꼭 예수님을 닮기를 원하십니다." 맥스 루카이도의 말이다. 옛 세상을 흠모하거나 풍습에 얽매여서도 안 된다.

넷째는 세상에 파송된 자다(into the world). "나도 저희를 세상에 보내었고"(요 17:18). 부활하신 예수님께서는 오직 파송명령만 선포하셨다. "모든 족속으로, 온 천하에 다니며, 만민에게, 땅 끝까지, 예루살렘에서 모든 족속에게" 가라 하셨다. 그 명령 따라 열두 제자들은 세계 곳곳에 흩어져 뜨겁게 기쁜 소식을 전하였고 거의 그곳에서 순교당했다. 가든지, 보내든지, 돕든지, 직접 혹은 간접적으로 세계구원의 대임(大任)을 기필코 감당해야만 한다. 선교는 선택과목이 아니고 필수과목이다. 주님의 어명이기 때문이다. 한 사람도 멸망치 않고 창조된 인류 모두가 구원받기를 바라시는 하나님의 애절하신 소원을 우리가 풀어 드려야만 한다. 복음을 전하지 않으면 화를 받는다고 말한 바울의 불타는 심장을 가져야만 한다. 하나님의 열심을 품어야만 한다. 할렐루야!

분수에 지나치다

뱃심 좋게 이백오십 명의 유력한 족장을 포섭한 고라일당은 위협적인 세력으로 하나님의 신실한 종 모세를 향하여 반기를 들었다. 어찌하여 약속의 땅에 들여보내지 않고 살벌한 광야에 사십 년이나 방치해 둔 채 스스로 왕 노릇만 하느냐이다. 능력 없는 지도자는 두 말 말고 하야(下野)하라는 대반란이다. 저들의 교활한 야심을 모세가 모를 리 없었다. 분수(分數)에 지나친 그들(민 16:7)을 질책하고 "레위 자손으로... 작은 일이 아니거늘 오히려 제사장의 직분을 구하느냐"(민 16:10). 여호와의 권위를 정면 대적하고 멸시한 중죄임을 선포함과 아울러 땅은 입을 벌려 간악한 무리들을 삼켜 버렸다. 우둔한 백성들은 그래도 깨닫지 못하고 모세를 원망만 했다. 왜 죽였느냐고. 뼈를 깎는 종살이의 고통에서 해방하여 탈출시켜 주셨고 큰 바다 홍해를 메마른 땅처럼 건너게 하시며 하늘에서 뚝뚝 떨어지는 하늘양식 만나를 풍요롭게 먹게 하신 하나님을! 감사는 커녕 열 번이나 반항하고 불평만 되뇌이는 분수를 잃은 자들이었다.

"마땅히 생각할 그 이상의 생각을 품지 말라"(롬 12:3)고 하셨는데도 푼수 빠진 자칭 유명인사들이 하늘나라 종족 가운데도 너무나 많은 것 같다. 비밀을 말하면 안 되는데도 분별력을 잃고 쾌락의 여인에게 힘의 원천을 누설했다가 눈이 뽑히고 처참하게 죽은 세기의 용사 삼손 사사의 애석함이 너무나 억울하다. 극성파 꼴통 예수쟁이라는 사람들까지도, 종교전문가라는 성직자까지도 한계선을 살며시 넘어 정당한 위치에서 벗어나게 될 때마다 얼마나 많은 대적들의 훼방(빌 1:28)과 공격을 받았던가. 선택된 자기 백성과 교회의 두 날개가 추락되어 수치당하는 처량한 몰골을 보실 때마다 주님은 가슴을 조이시며 엉엉 울고 계시는 것만 같다. "좌우로 치우치지 말라"(잠 4:27)는 철저한 당부마저 식언(食言)해 버리고도 늠름한 태도다. 마음의 조절기계가 이미 고장이 난 것 같다.

 푼수데기들, 푼수 빠진 놈들! 이라고 고래고래 소리 질렀던 우렁찬 고함이 들리는 것 같다. 왜 이렇게 교회와 부르심 받은 자들 가운데 분열이 그렇게도 많은가? 내 잘못이란 생각이 도무지 들지 않는가? 원한을 계속 품을 작정인가? 어찌하여 세상 명예를 그렇게도 좋아하는가? 예수님께서 내게 주신 영화는 하찮게 보이는가? 탐욕은 언제 멈출 것인가? 예배당은 화려하고 살집이 넓고, 소득 높아 누리고 살면 축복인가? 구제와 선교를 부담 없는 선에서 적당히 양심 치레하는 것으로 한계를 긋는 것이 과연 축복 받은 자의 체면인가? 세상은 교회를 향해 돌을 던지는데, 하루에 굶어 죽는 사람들이 삼만 오천 명인데도 하나님 재산인 헌금을 교회에만 거의 다 써 버리고도 마음이 정말 편한가.

 본질로 돌아가자. 지금 세계 곳곳에서는 그리스도인이라는 신분 하나 때문에 살육을 당하고 선교사들은 추방을 당한다. 좋은 직장은 절대로 가질 수 없을 뿐 아니라 분명 자기의 조국인데도 나그네처럼 박해받으며 애처롭게 사는 자들이 셀 수 없이 많다는 현실을 잊지 말아야 한다. 성경은 삶의 지침서다. 천국에 가서 살 사람들이여! 경계선을 넘었다면 원상 복귀하라. 중심(中心) 흔들리지 말고 하나님의 사람이 가진 그 독특한 향기로 본때를 보여라. 애물단지에서 보물단지로 변신하라. 내 생애의 남루(襤褸)를 지워라. 그 거룩함의 핵심에 접근하라. 실패자는 쓰셔도 포기자는 쓰지 않으시는 하나님의 속성을 알라. 그냥 물에 잠길 것인가? 수영을 하여 앞으로 나갈 것인가?

지정의(知情意)를 겸비한 인격자

명석한 두뇌로 뭇사람의 부러움을 받으면서도 따뜻한 정을 담아둘 공간이 없어서 인간관계가 삭막한 차디찬 사람이 있다. 알기는 만물박사인데 심약한 인간성 때문에 무엇하나 똑 부러지게 해놓은 것 없는 무골호인도 제법 많다. 의지는 바위처럼 강한데 옹고집으로 뭉쳐져 남의 경험이나 따뜻한 방법까지 무시하는 오만한 인간도 있다. 그래서 예수님께서 우리 모두에게 한 가지 부족한 것(눅 18:22)을 지적해 주신 것 같다. 인간의 세 가지 심적 요소인 지정의를 성현들이 강조한 이유도 조화 잃은 인간은 불행하기 때문이었을 것이다. 복음은 전인적 치유란 말의 의미도 바로 이것의 균형을 이루는 성령의 치료를 말할 것이다. 성령님은 기질을 고치시기 때문이다.

첫째, 지적인 사람이 되어야 한다. 성령의 은사 중 지혜의 말씀, 지식의 말씀의 은사(고전 12:8)가 있다. 하나님의 선물이니 받을 수 있다는 반가운 약속이다. 하나님의 아들을 '믿는 것과 아는 일'에 하나가 될 때 온전한 사람을 이루어 그리스도의 장성한 분량(엡 4:13)에 이른다 하신다. "내 백성이 지식이 없어

망한다"(호 4:6)고 탄식하신다. 고린도교회는 지식에 풍족한 교회였다(고전 1:5). 물론 지식까지 주님 안에서 새로워진 새 사람의 지식이어야 한다(골 3:10). 더 나아가 여호와를 아는 지식이 세상에 충만하기(사 11:9)를 사모해야 한다. 지식의 원조는 하나님이시다(삼상 2:3). 하나님과 그 아들 예수님에 대해서는 정확히 알아야 한다. "여호와를 알자! 힘써 여호와를 알자!"고 다그친다. 구원과 영생의 지식을 견고히 가져 흔들리지 말자. 예수님 없이는 절대 구원이 없음을 확신하자. 골빈 그리스도인이란 말을 듣지 않도록 명확히 아는 박식한 천국의 제자가 되자.

둘째, 정이 있는 사람이 되어야 한다. 예수님을 구주로 믿는 행운을 얻었다면 열렬한 가슴으로 사랑해야 한다. "사랑하므로 병이 났노라"(아 2:5)라고 할 수 있어야 한다. 실패한 베드로에게 묻는 첫 마디는 "네가 나를 사랑 하느냐"(요 21:15)이다. 사랑은 죽음처럼 강한(아 8:6) 일어설 용기의 첫발이다. 미지근한 라오디게아교회는 주님의 입에서 토해버릴 위기에 있었다(계 3:16). 그런 운명이 될까 두렵다. 돈에 대한 애착, 자식에 대한 애정, 명예에 대한 집착은 그렇게 강하면서도 죽게 된 생명을 구출하신 주님께는 그다지도 냉랭할 수 있을까. 병든 징조다. 더 나아가 하나님을 사랑하는 그만큼 모든 사람을 내 몸처럼 사랑하라(마 22:39) 하신다. 보이는 사람을 사랑치 않으면 하나님을 사랑하지 않는 것(요일 4:20)이란다. 주님의 사랑에 감동된 촉촉한 가슴, 뭇 사람을 긍휼히 여기는 부드럽고 인자한 얼굴을 사모하자.

셋째, 강한 의지를 가진 사람이 되어야 한다. 좌로나 우로나 치우치지 말라(잠 4:27) 당부하신다. 끝까지 견디는 자가 구원을 얻는다(마 24:13)고 격려하신다. 피곤한 손과 연약한 무릎을 일으켜 세우라(히 12:12)고 재촉하신다. 뒤로 물러가면 기뻐하시지 않는다(히 10:38)고 주님은 울먹이신다. 우리는 뒤로 물러가 멸망될 사람이 아니고 영혼을 구원할 믿음을 가진 신분(히 10:39)임을 알아야 한다. 푯대를 굳게 정하고 앞으로만 달려간(빌 3:14) 듬직한 바울 형님의 자랑스러운 후배가 되어야 하리라.

세계최강인 애굽의 왕자교육을 이수한 지성인(행 7:22), 그럼에도 온유함이 당대에 으뜸이어서 넙죽 엎드려 흐느껴 우는 정 많은 사람(민 12:3), 열 번이나 반역한 적대자들의 거친 대항(민 14:22)에도 개의치 않고 기필코 삼백만 대군을 가나안 문턱까지 인도한 모세의 늠름하고도 원숙한 인격이 부럽기만 하다. 할렐루야!

총 사령관의 군령(軍令)을 따르라

선교의 총 사령관 예수님은 승천하시는 날 마지막 명령으로 장엄한 전투지역을 선포하셨다(행 1:8). 그 후 이천 년간 사탄의 간악한 군사들과 치열한 영적전쟁이 우주적으로 벌어져 왔고 주님 재림할 때까지 감내할 장기전이 되었다. 이 절박한 상황에 불행스럽게도 그리스도의 군사들이 세상재미에 푹 빠져 영혼들이 물러 터지고 나른해진 틈을 용케도 파고들어 적군들은 기세를 올리고 있다. 세계적화의 깃발을 들었던 공산당의 출현처럼 모슬렘 역시 세계 모슬렘화를 선언하고 나섰다. 한국도 이천이십 년까지 모슬렘 국가를 만들겠다고 엄포를 놓고 있다. 얼마나 기독교를 얕보았으면 하만의 계책이 등장했을까? 폭력 역시 강세를 높여 세계를 위협하고 경제위기까지 태풍처럼 엄습하여 혼란과 좌절로 몰아가고 있다. 연예인들의 연이은 자살은 전 국민의 충격이 되었다. 이들의 관이 빨간 십자가로 덮인 모습을 보는 순간 '아차!' 하는 생각이 들었다. 교회는 일찌감치 은퇴한 영혼들만 모인 크리스챤 비슷한 집단으로 전락되어 태산 앞에는 쉽게 무릎을 꿇는 약체란 말인가. 왜 생명을 주지 못했는가. 부끄럽고 죄송스러웠다.

이제 우리는 가장 위대한 능력과 손을 잡아야 한다. 아무리 절망적인 처지라 할지라도 일단 믿고 간구했다면 하나님을 기다리는 시합에서 이겨야 한다. 받을 줄 믿고 기도하는 것만 응답되는 법칙 때문이다. 추격해 오는 강한 군대 애굽군사를 홍해에 몰살시키신 하나님의 기적을 간청해야만 한다. 원한을 품은 과부의 애절한 통곡을 야곱처럼 드려야 한다. "하물며 하나님께서 그 밤낮 부르짖는 택하신 자들의 원한을 풀어주지 아니하시겠느냐, 저희에게 오래 참으시겠느냐"(눅 18:7). 한국교회의 보석인 새벽기도는 적군을 섬멸하는 기습공격이 되어야 한다. "아침마다 내가 이 땅의 모든 악인을 멸하리니 죄악 행하는 자는 여호와의 성에서 다 끊어지리로다"(시 101:8). 이슬람의 파상공격을 마비시키소서! 복음을 대적하는 바알신의 종자들로 무릎 꿇게 하소서!

윌리암 부스는 영혼을 구원하는 하나님의 군대(救世軍)를 창설했다. "가라! 영혼에게로! 극악한 자에게로!" 지금도 구세군 교단은 군기, 제복, 계급을 둔 군대조직이다. 세계의 총수를 대장이라 하고 각 나라의 총회장 격을 사령관이라 부른다. 목사를 사관, 신학교를 사관학교, 교인을 군우, 정병, 병사라 칭한다. 교회를 군부대에 입소하는 뜻으로 영문(營門)이라 호칭한다. 브라스밴드에 맞춰 행진하는 흥분된 자태는 십자가의 군사임을 각성케 한다. 방패를 상징하는 붉은 배지를 가슴에 달고 잃어버린 영혼에게 향하는 저들의 열정은 그리스도인의 참신한 표상 같기도 하다. 그렇다. 우리는 틀림없이 하나님 나라의 군대들이다.

어명처럼 내리신 선교명령에는 재론의 여지가 없다. 혼수상태에 빠진 영혼을 쾅쾅 두들겨 회생시켜야 한다. 심판 날은 예상치 못하는 순간에 들이 닥친다. 2009년을 특별한 기회와 선물로 주신 하나님은 우리를 물끄러미 내려다 보시며 마지막 기대를 거신다. 생명을 살려내라!고. 교회는 반드시 선교와 구제에 최우선을 두라고. 세계를 책임지고 먹이는 요셉의 꿈을 품으라고. 화인 맞은 양심의 창호지를 찢으라고. 세계를 품은 당찬 그리스도인이 되라고. 헌금은 내(하나님) 것이니 제발 너희들 마음대로 쓰지 말라고. 황무지를 개간하는 화전민이 되라고 독촉하시는 사령관의 군령을 따라야 한다. 할렐루야!

제 3 부

길거리 선교사로
(바울선교회 캠페인)

더 아름답게 하자

어느 장례식에 참석하여 식사 도중 반찬 수를 세어 본 일이 있다. 15가지나 되는 반찬수에 놀라 잔칫집보다 더하구나 하는 생각이 들었다. "초상집에 가는 것이 잔칫집에 가는 것보다 낫다"고 했는데 똑같은 상황임을 느꼈다. 먹는 사람도 부조금 냈으니 당당히 먹을 권리가 있고 초상집 역시 돈 받았으니 대접해야 된다는 생각이었던 모양이다. 저녁이 되면 밤새도록 이어질 화투놀음의 도박판까지 벌어지는 초상집. 이로 인해 조문자들이 이중으로 피해를 보게 되는 일마저 있어 초상 치르는 일은 하나의 큰 병폐로 자리잡고 있기까지 하다.

첫째, 접대를 간소화 하자.
음식 만들어 접대하는 일에 거의 부산을 떤다. 접시에 간단한 차와 두어 개의 과자를 담아 대접하자. 간단히 목을 축이고 위로하고 떠나도록 하자.

둘째, 도박 행위를 없애자.
도박 자체가 죄다. 명목은 초상집을 위문한다는 것이다. 그러나 초상집은 야밤에도 그들에게 간식을 제공해야 하는 곤욕을 치른다. 집 한 채가 날아가는 도적 행위가 벌어진다.

셋째, 장기를 기증하도록 사전에 계획하라.

안구 기증으로 시각장애우에게 빛을 줄 수 있다. 뇌사자의 경우 장기의 많은 부분을 기증할 수 있다. 시신도 대학병원에서 필요로 하는 양의 2%만이 충당되는 현실이어서 시신까지 수입하는 상황인데 시신 기증도 권장할 만한 일이다.

넷째, 부의금(賻儀金)도 고려할 문제이다.

슬픔 당한 가정에게는 위로하는 뜻의 부의금이 유익하게 쓰여지리라. 그러나 '사절'의 새 질서도 좋으리라. 사람들이 적지않은 부담을 느낀다. 그리고 부의금을 받았다면 경비와 묘비 설치 등으로 허비할 것이 아니라 고인의 기념 사업으로 교회 개척이나 공익사업에 기증한다면 영광스러울 것이다.

다섯째, 지나친 울음은 비신앙적이다.

슬픔의 감정이야 왜 없겠는가. 그러나 지상보다는 훨씬 행복한 천국에 가셨음을 확실히 믿고 슬픔을 극복해야 한다.

여섯째, 교회는 묘지 장만하는 일을 삼가야 한다.

묘지가 국토를 덮어 간다고 한다. 국가적 차원에서도 일찌기 심각성을 표명한 이상 묘지 장만과 치장에 검소해야 한다

길거리 선교사가 되자

외국에 가서 복음을 전하는 선교사들을 볼 때마다 우리는 존경심을 가진다. 우리도 역시 존경받는 사람이 되어야 한다. '길거리 선교사'가 되는 손쉬운 방법이 있다. 찬거리를 사기 위해 주부들이 시장에 나간다. 시골에서 채소들을 보따리에 싸가지고 올라 온 아주머니나 할머니들이 길게 늘어앉아 벌여놓은 임시시장이 저녁판에 벌어진다. 시금치, 파, 마늘, 상추 등 자기 남새밭에서 정성껏 기른 채소들을 팔아 아이들 학비를 마련하거나 용돈으로 보태쓰려고 밤늦게까지 쭈그려 앉아 팔고있는 모습을 어디서나 볼 수 있다. 이왕이면 그런 분에게 가서 사도록 하자. 깎아 달란 말은 하지 말자. 깎으면 얼마나 깎겠는가? 대금을 공손한 태도로 지불하자. 그리고 천 원을 더 주자. 무슨 돈을 또 주느냐고 물을 것이다. "아주머니 집에까지 가는데 버스 타고 가시라고 드린다"고 해라. 전혀 모르는 사람에게서 이런 대접받기는 처음일 것이다. 물론 거절할 것이다. 시골에서 여기까지 오셔서 길거리에서 얼마나 수고 많이 하시느냐는 친절한 말과 아울러 꼭 드리자. 그리고 가까운 곳에 교회 있으면 교회 나가시고 예수 믿으시라고 한 마디 던져라. 그러면 예수를 믿게 될 것이다. 단돈 천 원으로 천하보다도 더 값진 한 생명을 구원할 수 있다.

택시기사에게 전도할 때는 거스름돈은 받지 말고 내리자. 인색한 모습을 보여주고는 전도의 효과가 없다. 직장에 나갈 때는 '직장선교사'가 되어 나가라. 직장에 나가 월급받아 아이들 학비내고 생활비로 쓴다는 목적으로 그 직장에 나가면 '육(肉)의 사람'이다. "이 직장에 있는 생명들을 구원하기 위해 하나님이 나를 이 직장에 선교사로 보내었다. 그리고 직장의 사장에게 하나님께서 지시하여 내 사람 선교사에게 선교비를 주어라 해서 나는 월급을 받는다"는 생각으로 직장 근무하면 '영(靈)의 사람'이다. 직장 가는 동기를 바꾸어라. 학교 선생으로, 학생으로, 혹은 노동현장에 가는 그 발걸음을 선교사 신분으로 옮기자. 태도가 달라지고 효과가 놀라울 것이다. 집에서는 '가족선교사'가 되라. 불신자 가정에 시집온 것이 불행스런 것이 아니라 하나님께서 이 가정과 가문을 구원하시려고 나를 신임하셔서 이곳에 시집 보내신 것임을 깨닫자. 그래서 일가친척을 모두 구원하는 가족선교사가 되라. 이 의식이 있을 때 구원사건이 크게 일어날 것이다.

누구를 대하든지 선교사의 신분으로 대화하고 생활하라. 선교사가 받는 하늘의 상을 똑같이 당신도 받을 것이다. "그런즉 너희가 먹든지 마시든지 무엇을 하든지 다 하나님의 영광을 위하여 하라"(고전 10:31).

여행하면서 중보기도 하자

부산에서 서울까지 기차나 버스로 혹은 자가용으로 5시간의 넉넉한 여행시간을 사용한다. 물끄러미 창 밖을 내다보거나 이 생각 저 생각으로 지루하게 보낼 수 있다. 왜 빨리 달리지 않는가 하고 푸념할 수도 있다. 목적을 위해 5시간이나 시간 낭비한단 말인가 분한 생각도 가질 수 있다.

그러나 5시간을 알뜰히 사용할 수도 있다. 독서하는 경우이다. 자가용보다 대중교통을 이용하는 자들의 특권이다. 버스나 기차를 도서관으로 삼는 이득이 있다.

또 하나는 기도하며 가는 일이다. 창 밖을 바라보면서 부산 땅을 통과할 때는 부산 사백만 시민의 구원을 위해서, 경북 땅을 통과할 때는 경북 이백팔십만이 사는 이 땅이 주님의 땅이 되기 위해서, 대구를 지날 때는 대구를 사로잡고 있는 악한 영을 결박시켜 대구 이백오십만 시민이 주님의 품으로 돌아오도록, 대전을 지날 때는 대전의 교회와 성도들이 모두 예수 생명으로 구원받아 대전이 예수의 피로 덮임 받도록, 충남 땅을 지날 때 충남의 마귀의 견고한 진이 무너지도록, 경기도를 지날 때 천만 도민과 시장과 도지사 그리고 관리들이 미신에서 벗어나 하나님 경외하는 행정이 이루어지도록, 서울에 와서는 서울의 천만 인구가 저지르는 소돔성의 죄를 용서해주시고 회개 운동이 일어나고 정화되도록, 다시 서울에서 내려갈 때는 이 나라 방방곡곡에 뿌리내린 무당과 악령의 집단이 묶여지고 이 땅이 거룩한 땅이 되도록 기도한다면 강산을 보면서 기도하는 구체적인 중보기도를 할 수 있을 것이다.

비행기 여행을 할 때도 마찬가지이다. 특히 장거리 비행을 할 때는 참으로 지루하고 따분하기만 하다. 이 때도 세계를 위한 기도를 할 수 있다. 기내 안내판에 지금 비행기가 어느 곳을 지나고 있다고 하는 표시가 나온다. 중국을 통과할 때는 중국 13억의 구원을 위해, 공산 억압정치가 끊어지기 위해, 이 나라에서 사역하는 선교사를 위해, 이 나라의 교회가 영적으로 성숙하기 위해서 기도할 수 있다. 대만을 지날 때, 홍콩을 지날 때, 태국을 지날 때, 아프리카나 남미를 여행할 때는 더 많은 나라를 위해 기도할 수 있다. 그 나라를 통과할 때마다 간절한 기내 중보기도를 드림으로 세계를 주님의 품으로 안길 수 있다. 좌석 앞에 꽂아 둔 안내 책자에 있는 세계 지도를 펴놓고 기도할 수도 있다. 이 세계는 주님의 땅, 주님의 소유이다. 주님의 복음을 받아들이고 축복받는 땅이 되도록 기도하며 여행하는 지혜를 가질 수 있었으면 한다. 비싼 항공료를 중보기도로 그 대가를 뽑아낼 수도 있다. 할렐루야!

거리의 휴지를 줍자

하룻밤이 지나고 나면 도시의 거리는 타락해진다. 간밤에 뿌려진 광고물 전단지들이 골목길을 혼란케 한다. 어른 아이 할 것 없이 마구 버린 휴지들, 그리고 담배꽁초들 모두가 인간의 추악함을 고발하고 있다.

그런데 대부분 사람들이 그냥 스치고 지나가고 있다. 어느 때는 횡단보도, 자동차길 대로에 박스가 떨어져 있는데도 그냥 보고만 지나간다. 나의 일이 아니라는 뜻인가 보다. 얼마나 많은 차량들이 불편하게 피해가고 있는가.

그리스도인들은 세상을 구원할 사명을 가졌다. 거리까지도 정결케 해야하는 사명이 있다. 모든 땅 모든 거리는 우리 아버지 하나님의 것이기 때문이다.

자기가 지나다니는 거리의 오물은 우리 그리스도인이 줍도록 하자. 가방에 쓰레기 봉투를 항상 넣어 가지고 다니자. 우리동네 골목 그리고 통행거리의 쓰레기는 바로 치우도록 하자. 그리고 시간적 여유가 있다면 계획을 세워 교회 차원에서 골목청소를 하도록 하자. 인간의 죄악 찌꺼기를 제거한다는 신앙적 차원에서 거리의 흉물들을 청결케 하도록 하자. 명랑 거리를 그리스도인의 손으로 이루자.

교회 단체여행은 찬양을 부르면서

교회에서 여행을 하거나 특별행사 때문에 먼 거리를 달릴 때가 있다. 교회에서 따분하게 부르는 찬송가보다는 좀 자유롭고 유쾌한 분위기에서 멋진 여행을 하고 싶어 세상 가요나 세속적인 춤 혹은 어지러운 잡담들까지 동원하는 수가 있다. 비록 유쾌하게 웃을는지 몰라도 성도의 자세는 아니다. 마음의 결실도 없다. 그 많은 3~4시간을 허비한다는 것은 참으로 엄청난 낭비이다. 그리고 경건한 그리스도인들은 시험을 받는다.

시종 찬송과 중보기도, 간증 등 은혜로운 즐거움 속에서 왕복을 달리는 아름다운 여행을 가질 때 성도들은 그 기쁨을 누릴 수 있을 것이다. 박력있고 은혜스런 복음성가와 찬송가의 가사를 깊이 생각하고 부르면 은혜스러운 맛을 볼 것이다. 찬송의 희열을 안다면 쓰레기 같은 세상 노래들은 아예 끼지도 못할 것이다. 그리고 여러 가지 제목을 놓고 중보기도함으로 실질적인 의미있는 여행이 될 것이다. 개척교회 세워 놓고 입당예배 드리러간다면, 가서 찬양 한 곡 해주고 흐뭇한 감정을 품고 오는 것으로만 끝나면 무슨 의미가 있겠는가! 가는길에 개척되는 그 교회와 목회자 그 지역 주민들, 그 교회의 부흥을 위해서 기도한다면 얼마나 실질적인 도움이 되겠는가! 더 나아가 이 나라와 세계의 복음화, 악의 세력들의 근절, 또 교회를 위한 모든 기도를 드릴 수 있는 아름다운 시간들이 될 것이다.

자동차 사고 순간에도 얼굴에 웃음을 띠자

사고가 나면 무조건 큰소리부터 지른다. 소리가 커야 이긴다고 한다. 잘 잘못을 따지기도 전에 상대편의 잘못이라고 우겨댄다. 피해자일 경우에는 병원에 눕는 일부터 하고 가급적 최고의 배상을 아니 상대방을 망칠(?) 생각으로 터무니없는 협상금을 요구한다. 당사자보다는 친척들이 더 열심히 달려든다. 보험회사는 차량보험가입을 오히려 꺼릴 정도라고 한다. 사고 시 정신적 경제적 손해를 줄이고 좋은 해결을 보자는 취지가 혼탁해 가고 있다. 여기에 그리스도인들까지도 예외가 아니다. 자신이 가해자가 될 수도 있고 피해자가 될 수도 있을 터인데 어찌 이렇게도 파렴치할 수 있을까?

사고가 나면 우선 상대방이 다친 데는 없는가 물어보고 살펴보자. 서로 주의하지 못했으니 미안하다고 예의를 갖추자. 간단한 충돌이라면 단둘이서 기쁜 마음으로 해결하자. 큰 사건이라면 경찰을 불러서 원만한 법적 해결에 의뢰하라. 피해자일 경우 꼭 필요한 경비만을 보험회사를 통해서 해결하고 개인에게 뒤집어씌우는 물질손해는 요구치 않도록 하자. 가해자에게 관용을 베풀어 전도의 기회를 삼으라. 가해자가 된 경우에는 평화로운 협의를 끝까지 밀고 나가서 피해자를 위로하라. 그리고 웬만한 부속품 파손정도의 충돌이나 사고는 그냥 지나가 버려라. 자기 돈으로 사서 붙여라. 너무 따지지 말자.

사고가 나면 죽거나 장애인이 된다. 철저히 교통법규를 지켜 조심조심 운전하도록 하자. 원치 않는 사고가 났을 경우에는 침착하게 그 순간에도 우리 주님을 앞세워 아름다운 해결을 할 수 있는 지혜로 구하자. 사고의 현장에서도 얼굴에 웃음을 지우지 마라. 그리스도인이기 때문이다. 그때도 주님이 돌보아 주시기 때문이다. 천국에 갈 사람은 운전할 때나 사고 시에도 언제나 천사의 얼굴을 가져야 한다.

버스나 기차 여행 때 교회 이야기를 하지 말자

흔히 같은 교인이나 믿는 형제끼리 같이 앉게 되어 여행하는 경우가 있다. 자연스럽게 우리 교회 이야기, 다른 교회 이야기들이 화제가 된다. 은혜스런 말이 오고 가다가 반드시 우리 교회의 잘못된 점, 아무개 집사의 고집불통 이야기가 전개된다.

자기의 섭섭했던 경험을 말하고 나아가 그리스도인들의 흠을 말하게 된다. 긴 여행시간동안 별스런 소리가 다 나온다.

있을 수 있는 인간 세상의 대화일 수 있다.

그러나 그 피해도 대단하다. 남을 헐뜯는 죄를 짓는다. 뿐만 아니라 옆에서 듣고 있는 불신자들에게 전도의 문을 막는 죄를 짓는다. 교회 다니는 사람이 교회 비평하는 것을 들을 때 얼마나 교회를 혐오하겠는가. 그리고 버스나 기차에 소음을 일으켜 이웃의 기분을 상하게 할 수도 있다.

아예 입을 다물어야 한다. 웬만한 성숙한 그리스도인이 아니면 덕을 끼칠 수 없기 때문이다. 하고 싶으면 은혜 받은 간증을 해라. 듣는 상대방에게 믿음에 힘을 제공할 수 있는 예수님은 좋으신 분임을 기분좋게 이야기 해라. 끝났으면 입을 다물어라. 교회의 나쁜 점을 말할까 두려워해서다. 더 말하고 싶으면 옆에 앉은 불신자에게 예수님 좋으심을 말하는 것이 아름다운 일일 것이다.

음식점에서 음식 타령 하지 말자

교회 모든 기관에서 음식점에 가는 경우가 아주 빈번하다. 목사님을 대접하고 수고하시는 분들에 대한 감사함으로 모시고 가는 경우가 허다하다. 목사님, 장로님, 집사님, 구역장님 하는 존칭을 쓰는 대화 속에서 예수 믿는 사람들임을 음식점에서는 금방 파악한다. 톡 튀는 존재들이다.

가끔 서비스가 형편이 없고 반찬이 짜든가 맛 균형을 잃은 음식이 나올 수 있다. 그때 호되게 나무라고 하인 부리듯 명령하는 경우가 있다. 감정까지 폭발해서 자존심에 상처 주는 거친 언어를 구사하는 경우도 있다. 사회생활에 익숙한 사장님, 장로나 집사는 젊은 종업원들에게 반말을 섞어 거만스런 어른 티를 내는 경우도 있다. 목사님을 더 잘 대접해 드리기 위해 무리한 요구까지도 요청하여 당황케 하는 경우도 있다.

이때 그 음식점에 나타나신 예수님이 어떤 대접을 받으실까? 분명 모욕 받으신 날이 될 것이다. '예수 믿는 것들이 왜 그리 까다로워. 한 번 했으면 그만이지 왜 그리 잔소리를 많이 해! 예수 믿는 것들도 결국 별것이 아니구만! 믿어 보려고 했더니 입맛 달아나는구만!' 결국 예수 죽이러 간 셈이 된다. 믿지 않는 많은 종업원들과 손님들에게 예수 믿지 말라는 광고가 된다.

우리는 언제나 선교사여야 한다. 음식점에 가서도 크리스찬의 품위를 보여줘야 한다. 예의 바르게 인사해야 한다. 음식을 날아올 때마다 "수고하십니다!", "감사합니다!" 하며 수고를 인정해야 한다. 음식이 짜면 먹지 말고 국이라면 물을 섞어 자기 입맛에 맞게 요리하면 된다. 시원찮은 음식점이라면 거기서 나무라지 말고 다시 가지 않으면 그만이다. "수고하셨습니다!" "참 음식이 맛있었습니다!" 따뜻한 감사의 인사를 남기고 가야 한다.

그리고 예수님을 소개하고 전도하고 나와야 한다. 크리스챤은 음식 먹는 매너가 분명히 달라져야 한다.

커닝하지 말자

학교에서 시험 볼 때 커닝했느냐는 설문에 놀랍게도 남녀 구분 없이 상당수의 학생들이 유경험자로 나왔다. 대학 졸업반의 경우 거의 90%가 한다는 통계이다. 사회진출을 앞두고 보다 나은 성적으로 경력을 쌓아보자는 심리일 것이다. 남의 지식재산을 훔쳐서라도 덕을 보자는 심산이다. 국가공채 시험에도, 미스코리아 심사에서도, 심지어 신학교 학기말 고사에도, 교회장로 피택 선거에도, 부끄럽게도 목사고시에도 부정 시비가 한국교회를 위험하게 하고 있다. 시험지 사전 누출사건이라든가 운동경기 때 부정판정 시비 등 각종 분야에서 정직성이 침해를 받고 있다. 고3 학생들이 치루는 수능시험에 휴대전화 절대금지 지시 명령을 내리고 휴대한 학생의 경우 시험 무효화를 시키는 경우도 커닝의 심각성이라 볼 수 있다.

우리는 먼저 이 부정을 감행한 죄를 회개해야 한다. 초등학교 시절이든 대학교 시절이든 커닝한 죄를 자복하고 회개하여 주님의 용서를 받아야 한다. 기타 모든 부정한 처신과 행동을 회개해야 한다. 그리고 다시는 이 죄를 짓지 않을 각오와 주님의 도우심을 간구해야 한다. 자녀들에게 좋은 성적을 강요하는 것도 부정의 유혹을 더하게 하는 요소가 된다.

정직한 그리스도인이 되고 자녀가 되도록 기도하고 정직한 크리스찬이 되도록 각오를 새롭게 하자.

선교사와 함께 기도하자

선교사를 위하여 기도할 때 내 생각에 따라서 혹은 선교사들에 관하여 느끼는 대로 기도한다면 좋은 기도의 내용이라 할 수 없다. 그러나 선교사와 함께 기도하는 것은 다른 차원의 기도이다. 선교사가 품은 뜻을 같이 품고 선교사가 현재 하나님께 간구하는 내용을 같이 기도제목으로 삼고 선교사의 위치에 서서 기도하는 것을 말한다. 그러기 위해서는 선교사가 보낸 편지를 자세히 읽어가면서 그 사정을 나의 사정으로 생각하며 내 가족과 같은 심정으로 기도해야 한다. 선교사의 기도제목을 같이 품고 기도할 때 선교사의 안타까운 사정이나 중점 목적기도가 쉽게 응답될 수 있다. 선교사와 기도 동지가 되어 기도선교사가 되기 바란다. 할렐루야!

도둑질 하지 말라

제 8계명은 '도둑질하지 말라'는 계명이다. 개인의 소유를 훔쳐서는 안 된다는 원칙은 잘 알고 있다. 반면 공공기관의 것에 대하여서는 혼선을 빚고 있다. 단기선교여행을 은혜롭게 기도하면서 다녀온다. 그러나 비행기에서 내려올 때에는 기내 담요를 한 장씩 가방 속에 몰래 넣어 온다. 값비싼 숟가락이나 젓가락의 경우도 식사 후에는 자기의 것으로 삼는다. 이런 행위는 도둑질이다. 그래서는 안 된다. 벽에 꽂은 월간 잡지도 물론 가져갈 수 없다. 앉은 자리 앞에 꽂은 홍보 간행물만은 가져올 수가 있다. 회사나 공공기관의 비품이나 사용 가능한 것도 사사로운 일에는 남용하지 않도록 해야 한다. 불로소득은 언제나 인간의 인격을 무너뜨린다. 8계명은 다른 계명과 똑같이 우리가 반드시 지켜야 할 계명이다. 도둑질하는 죄에서 벗어나자.

건전한 고민을 드리는 효도

성경은 강력하게 부모 공경을 명령했다. 계명 중의 하나이기 때문에 불효는 큰 죄가 된다. "너 낳은 아비에게 청종하고 네 늙은 어미를 경히 여기지 말지니라"(잠 23:22). 그러나 부모 공경의 방법에 있어서는 시대마다 변천되어 왔다. 끼니걱정이 어려운 가난한 시절에는 자식은 굶기더라도 늙은 부모부터 대접하는 효성이 있었다. 장남은 부모를 꼭 모셔야 하고, 쇠고기국에 흰쌀밥을 드리는 것이 큰 효행이라고도 생각했다. 옷을 잘 입혀 드림이 자식의 도리라 생각하여 극빈한 가정을 빼놓고는 옷들도 풍성한 시대가 되었다. 오늘의 노인 문제는 가난과 질병 등이 아주 해결되었다고는 생각지 않으나 고독이라는 병이 가장 큰 문제가 되었다. 예부터 노인일수록 생명의 애착이 커서 자살이 별로 없었지만 요즘은 노인 자살이 늘어나는 추세이다. 이유는 자식이 주는 용돈과 훌륭한 주거 환경으로 고생이 없는 반면, 각박한 사회 환경으로 대화가 끊겼기 때문이다. 사업하는 아들이 효도하는 심정으로 이렇게 말한다. "아버지! 그동안 우리를 키우시느라 고생을 참 많이 하셨는데 이제는 남은 여생을 편하게 지내세요. 제가 하는 사업이 아주 복잡하니 알 생각도 하지 마시고 텔레비전 보시면서 편한 마음으로 즐기며 사십시오." 효성스런 말 같으나 어리석은 방법이다. 사람은 생명이 있는 한 듣고 싶어하고, 보고 싶어하고, 말하고 싶어하고, 움직이고 싶어하는 본능이 있다. 이것을 차단하는 순간 고독병이 생기고 우울증과 치매까지 불러올 수 있다. 건전한 고민과 일거리 그리고 부담을 드려 긴장감을 가지게 하여 생활에 활력을 불어 넣도록 해야 한다.

　장사하는 아들이 시골에 계신 부모님께 "잘 있으니 걱정하지 마세요" 하는 상투적인 인사 보다는 일과를 맡기는 것이 좋다. "아버지! 요사이 장사가 잘 안되어요. 아버지가 기도를 해주셔야 하겠어요." 자식의 요청이라면 부모는 무엇이든지 하려고 한다. 며칠 후 안부전화를 드릴 때에는 '아버지께서 기도를 해주셔서 수익이 좋아지게 되었다' 는 말을 전하면 흥이 날 것이다. 불신부모라면 "아버지 이왕 기도하실 때 '천지신명님께 비나이다' 로 시작하지 마시고, 내가 하나님을 믿으니까 '하나님 아버지!' 라고 부르고 하세요" 하는 말을 전해준다면 역시 주님께 다가오는 좋은 기회가 될 것이다. 더 발전한다면 "마지막 기도 마무리를 '예수님의 이름으로 기도합니다. 아멘' 으로 하면 더 좋아요" 할 수 있을 것이다. 기쁜 일, 슬픈 일 모두를 격의없이 말하고 아버지의 조언도 구하고 같이 교제를 나눔으로 부모의 마음이 소외됨에서 빠져나올 수 있을 것이고 생의 기쁨을 가질 것이다. 현명한 효도가 될 것이다. 그리고 부모님의 구원까지 성취될 것이다. 할렐루야!

후원교회는 전방의 선교사를 깊이 생각하자

선교사들은 뒤에서 기도와 물질로 후원하는 모(母)교회의 절대적인 보살핌으로 최 일선의 선교병사로서 마귀와 잘 싸우고 있다. 교회나 후원성도의 열렬한 성원 속에서 하나님의 영토를 넓혀 가고 있다. 더욱 넓은 관심을 바라며 간곡한 협력자가 되기 바란다. 내 가족처럼 애정이 어린 관심을 가지고 선교에 깊이 관여해 주기 바란다.

1. 선교사를 위해 기도하자.
· 새벽기도회와 예배시간 등 공중예배 때에 세계복음화와 선교사를 위해 기도하자.
· 십자가의 군사인 선교사의 영적 강건함과 육신건강을 유지하도록 기도하자.
· 사역의 장애와 가정갈등 및 풍토병과 질병에서 오는 탈진상태를 극복토록 기도하자.
· 죄악의 세력은 번창한데 복음은 확산되지 않는 절망감에서 낙망하지 않도록 기도하자.
· 비자문제와 추방 등 극심한 박해상태에서 법적 보장을 받고 해결되도록 기도하자.
· 선교사들이 현재 진행하고 있는 사역이 방해받지 않고 큰 열매 맺도록 기도하자.

2. 선교사의 환경과 생활에 대해 관심을 가지고 적극적으로 돕도록 하자.

· 세계적으로 물가, 곡물가 및 월세가 월등히 올라 생활에 어려움을 겪는다.

· 환율의 가파른 상승세로 인하여 최근에 선교비를 아주 적게 수령하고 있다.

· 고등교육에 접하는 자녀들이 많아지면서 오는 교육비 부담이 급증되었다.

3. 교회마다 세계구원 계획을 세워 선교우선 교회로 만들자.

· 선교사의 선교편지와 기도제목을 세밀히 보고 구체적으로 기도하고 협력하자.

· 세계 모슬렘화라는 공략에 교회들도 세계복음화 전략을 교회정책으로 수립하자.

· 교회의 구조를 선교적 구조, 선교우선 재정정책으로 편성하자.

· 바울선교회 본부에 대한 관심(바울선교사 지원교회)과 기도로 구체적으로 협력하자.

· 선교사와 그 자녀들에게 편지 보내기와 선물 보내기를 시행하자(주일학교 등).

· 단기선교팀을 자주 보내어 선교현장에 깊은 관심을 보이고

선교 활력을 제공하자.
　· 귀국한 선교사들을 강단에 자주 세워 선교보고를 듣고 선교의 풍토를 형성하자.
　· 자기교회에서 선교사를 많이 배출하고 많이 파송하는 교회가 되도록 사모하자.

인터넷에 복음을 전하자

인터넷에 기독교를 비방하는 '안티' 사이트가 여러 개 있다. 기독교의 진리훼방, 기독인의 모순된 삶을 신랄하게 훼방하는 적그리스도의 공격이다. 교회를 파괴하려는 무서운 공략이다. 여기에 비방하는 저들을 욕하거나 정죄하는 글들을 올리는 대신 믿고 변화 받은 사실들을 간증의 글로 올린다면 기독교에 대한 편견을 해소시킬 것이고 주께로 돌아오는 자가 있을 것이다. 신학적으로 일방적 공격을 하는 곳도 있다. 그러므로 내가 믿은 예수님을 솔직히 간증하며 저들을 위해 기도해 주기 바란다. 안티사이트가 오히려 예수님을 소개하는 전도창문이 될 수도 있을 것이다. 주님을 훼방하는 저들도 오히려 예수님을 선전하는 자들이 되도록 기도하자.

입에 담기도 힘든 독설과 훼방을 일삼는 저들에게 사랑과 인

내로 기도하면서 기필코 저들도 돌아오도록 눈물로 호소하자. 기타 방명록이나 시청자의 의견을 제출할 수 있는 곳이면 예수님을 소개하는 기회로 사용할 수 있기 바란다.

상업 광고 방송에 현혹되지 말자

광고방송이 텔레비전에 파고들어 누구나 쉽게 가정에서 상업광고를 접하게 되었다. 인기있는 연예인이나 유명인사들이 나와 자세한 설명을 하는 상품 광고는 매력 만점이다. 한참 듣다보면 빠져 들어가는 묘한 흡인력이 있는 것을 느낀다. 할인해서 특가로 해준다는 선심공세도 잊지 않는다. 덧붙여주는 덤의 꾸러미도 구미를 당기게 한다. 다른 제품과 비교할 수 없을 만큼 특별하다는 차별의식도 넌지시 던진다. 광고방송은 24시간 연속적으로 반복하다보니 같은 물건을 자주 듣는 가운데 친근하게 느껴지고 구매력 충동에 구입하고야 만다. 사고 싶은 소비심리에 충만해진다.

구입했을 때의 감격은 물론 크리라. 그러나 두어 번 쓰다 말거나 운동기구 같은 것은 거의 방치된 상태다. 집에 있는 것이 중복된 것도 많을 것이다. 약간 변형한 것을 신제품이라고 해서 샀다가 속았다는 느낌이 들때도 있을 것이다. 가계부 지출은 늘고 수지 불균형으로 가정불화는 클 것이고 신앙생활에도 결국 이로울 수가 없다.

꼭 필요한 것만 구입하는 명철한 판단력을 가지자. 자제력을 가지자. 웬만한 것은 현재 있는 것으로 유용토록 하자. 성도가 남에게 빚지고 사는 것은 현명한 삶이 아니다. 절약의 아름다움을 키우도록 하자.

욕설을 하지 말자

한국은 욕설 천지가 된 것 같다. 학생들도 대화가 욕으로 이어진다. 어른이나 아이나 영화에서나 일상생활 중에서 습관적으로 욕설 잔치를 여는 것 같다. 더러운 욕도 잔인한 욕도 살기등등한 욕도 다양하게 구사한다. 다정한 엄마의 말 속에서도 "너 말 안 들으면 집에 가서 죽을 줄 알어!" 마치 살인자와 같다. "가랑이를 찢어 ㅇㅇㅇ!" "육시할 놈!" 너무 잔인하다. 육시란 형벌은 조선시대에 사형자를 눕혀 놓고 말 네 마리를 네 군데에 세워 사지를 묶어 찢어지게 하므로 다섯 내지 여섯 토막내어 죽이는 형벌인데 우리 조상들은 이 욕설을 거침없이 발설했다. "경을 친다"의 욕설도 얼굴에 자자형을 가하는 형인데 얼굴에 "도적놈"이라고 쓰겠다는 뜻이니 얼마나 참혹스런 저주일까! "씨○○○" "개○○" "병신 같은 ○○" 등의 얕잡아보는 경솔한 언어가 너무나 흔하게 쓰여지고 있다. 욕설의 나라와 같다.

우리는 성경 말씀을 경청해야 한다.
"나는 너희에게 이르노니 형제에게 노하는 자마다 심판을 받게 되고 형제를 대하여 라가라 하는 자는 공회에 잡히게 되고 미련한 놈이라 하는 자는 지옥 불에 들어가게 되리라" (마 5:22). (라가: 바보란 욕)

"무릇 더러운 말은 너희 입 밖에도 내지 말고 오직 덕을 세우는 데 소용되는 대로 선한 말을 하여 듣는 자들에게 은혜를 끼치게 하라" (엡 4:29).

성도의 입에서 덕스럽고 인자한 언어가 나오도록 입에 파숫군을 세우자.
"너희 말을 항상 은혜 가운데서 소금으로 고르게 함같이 하라. 그리하면 각 사람에게 마땅히 대답할 것을 알리라" (골 4:6).

이 시각부터 "욕설 끝!"을 선포하고 실천하자. 할렐루야!

이단을 배격하자

한국의 불신자들이 알고 있는 기독교에 대한 지식은 이단들이 전해준 수준에 머물러 있다. 건전한 교회나 기독교 단체들에 대한 소개나 기독교 교리 강해를 공영방송에서 해주지 않는다. 사이비 단체나 이단에서 사회적인 물의를 빚을 때 방송에서 심층 취재해서 폭로한다. 기도하는 모습, 예수 이름 부르는 열정은 교회의 형태 그대로이나 이단들의 재산 탈취, 성적 범죄 등 비리를 폭로하면서 모든 교회가 다 그런 것처럼 비추어진다. 그 부정적인 인식이 한국 비그리스도인이 교회에 대해 가진 나쁜 이미지이다. 이단이 건전한 교인을 도둑질해가는 피해는 오히려 적은 피해다. 한국 교회의 성장과 전도의 방해 요소들은 이단들이 만들어 놓은 것이다. 이런 차원에서 이단과 싸우고 제압하는데 교회들은 연합해야 한다.

먼저 이단과 맞서 싸우는 단체와 개인을 위해 기도하며 후원해야 한다. 그들은 보통 20건씩의 고소를 이단들에게 당한 상태이다. 교회를 위해 싸우는데 교회는 그들을 외면하고 있다. 사탄의 사자들과 싸우는 저들에게 용기와 기쁨을 주어야 한다.

뿐만 아니라 이단보다 교회는 더 영적인 생명력과 매력을 가져야 한다. 기성 교회에서 영적 충족함이 없으니까 이단의 달콤한 교리에 넘어간다. 구원의 기쁨을 부어주고 활기찬 교회 분위기를 만들어야 한다.

요사이 이단들은 성경공부를 통해 교인들을 사냥하고 있다. 무료 신학원을 미끼로 많은 사람을 함정에 빠트린 '신천지'를 비롯하여 대부분의 이단들이 성경공부란 미끼를 사용한다. 교회는 말씀에 풍부해야 한다. 생의 기쁨이 말씀 안에서 솟구쳐야 한다.

이단에 속한 자들과는 인사도 말라고 했다. 한 번 참석이 수렁에 빠지는 첫 길이다. 아예 가지도 말아야 한다. 그들은 전략적인 차원에서 빈틈없는 교리를 무기로 하여 설득해 온다. 무방비 상태인 일반 교인들은 흡수되도록 되어 있다. 게다가 교회의 부정적인 단점을 제시하면서 교회에 대한 신뢰감을 떨어뜨리게 하여 그들의 목적을 이루고 있다.

이단의 사악한 세력을 방어하고 퇴치해야 한다. 그리고 영적 세력과 맞서 싸우는 강한 기도가 필요하다.

요가, 명상 등은 기독교 신앙에 위배된다

건강을 위해 건강식품이나 체력단련 뿐 아니라 동양의 수행

방법이 동원되었다. 건강에 유익하다는 단순한 생각으로 스쳐 지나가면 안 될 것이 우리 주위에 많이 있다. 초보단계에는 모두 건강에 유익을 주는 것으로 시작한다. 그러나 깊은 단계로 갈수록 위험한 것이 있다. 영적인 단계이고 우주의 기와 만물의 신과 교제해서 그 신의 힘을 빌리는 사악한 악신과의 교접에까지 나가게 한다.

근원부터 살펴 볼 필요가 있다. 하나님을 대적하는 세계적인 세력이 등장했다. 뉴에이지 운동이다. 새 시대, 새 세계란 뜻이다. 3대 전제는 '모든 것은 하나다' '모든 것은 신이다' '당신도 신이다' 라는 것이다. 그래서 당신 자신을 예배하라는 것이다.

이 목적을 위한 것들에는 '심령과학, 유령의 존재, UFO의 존재, 요가, 도, 명상, 점성술, 운세, 초능력, 기, 단월드, 마인드 콘트롤' 등이 있다. 영화와 예술 속에도 파고들어 깊숙이 개입하고 있다. 건강으로 시작한 것이 영적 실체 즉 악마와 사탄과의 교제로 이어지기 때문에 정신분열증의 경지에 들어간 사람이 많다. 약간의 유익을 주는 것(딤전 4:8)을 미끼로 영혼을 사냥하는 사탄의 전략에 넘어가서는 안 된다. "하늘에서 온 영을 키우는 곳이 단학선원이다. 그래서 이제 여러분이 기운을 만나고 단무를 출 때 영이 제일 좋아하는 거야." "'천상에서 내려온 고귀한 영이시여!' 라고 불러야 돼요. 그 영을 계속 불러서 자리를 잡도록 해줘야 해요." 저들의 수행 내용이다.

건강을 주시는 하나님의 뜻에 따라 살면 된다. 신앙정신으로 강건해 지시기 바란다.

성도는 2부 예배까지 드려야 한다

한국교회는 예배의 홍수 속에 세계 어떤 나라 성도보다 예배를 많이 드리는 축복을 받았다. 주일에 5부, 7부까지 드리는 초대형 교회들도 있다. 그러나 최소한 2부 예배는 드려야 한다. 1부 예배는 교회에서 주일이나 집회 때 드리는 예배이다. 2부 예배는 가정이나 직장과 일터 즉, 생활 속에서 드리는 예배이다. "너희 몸을 하나님이 기뻐하시는 거룩한 산 제사로 드리라. 이는 너희의 드릴 영적 예배니라"(롬 12:1). 살아있는 제물이 되라 하신다.

흔히 한국교인들의 신앙상태를 가리켜서 "교회에서는 주여! 주여! 하지만 돌아가서는 나요! 나요! 한다"는 것이다. 신앙은 뜨겁고 열광적인데 생활은 비신앙적이고 비양심적이라는 비판이다. 신앙이 생활화되지 않았다는 것이다. 부정부패 순위가 세계 43위란다. 경제규모는 10위 안팎이면서도.

한국 크리스찬들이 이 나라의 양심의 표준이 되고 사표가 되는 날을 사모해야 한다. 할렐루야!

달란트 장사꾼이 되자

교회에는 실업자가 있고 장사꾼이 있다. 예수님께서 종들을 각각 불러 다섯 달란트, 두 달란트, 그리고 한 달란트를 모든 종들에게 나누어 주셨다. 하나님께서 각 사람에게 나누어 주신 은사와 사명을 말한다. 그러나 한 달란트 받은 자는 그것을 땅에 묻고 놀기만 했다. 그 귀중한 것을 활용할 줄 모르고 사장시켰다. 주인이 나타나 엄히 꾸짖으며 '악하고 게으른 종'이라고 질책하시면서 밖으로 쫓아냈다. 반면 다섯 달란트와 두 달란트 받은 자는 그것을 밑천으로 장사하여 배의 이득을 남겼다. 주인은 '착하고 충성된 종'이라 하시면서 주인의 즐거움에 참예시켰다.

오늘날 교회에는 두 종류의 신자가 있다. 예배에 참석하여 은혜만 받고 놀고먹는 신도 즉, 교회와 복음을 위하여 아무 관계도 없이 지내는 실업자가 있다. 적성에 맞는 은사가 분명히 있는데도 사명을 감당치 않는 방관자들이 있다. 예배용 교인, 주일용 기독교인이다. 주님께 슬픔을 주는 자들이다. 주님으로부터 받은 은사가 다 있다. 활용하여 천국의 일꾼으로 가담하

자. 실업자의 오명에서 벗어나자. 그리고 나의 신앙과 체질에 맞는 일감을 고르도록 하자. 교회는 이제 막 발을 들여 놓은 새 신자에게도 감당할 일을 예비해 놓고 있다. 일을 감당할 때 자기 신앙도 성장되고 익숙한 충성스런 일꾼이 된다. 이것이 달란트 장사요 천국의 상과 지상의 복을 받는 남는 장사이다. 교회와 세상은 달란트 시장이다.

이차 회의를 하지 말자

교회에는 각종 회의가 있다. 공동의회와 제직회 또는 운영위원회, 각 부서별 혹은 기관별 선교회별로 소회의가 종종 있다. 민주적인 절차와 교우전체의 의견을 수렴하고 공동체라는 차원에서 참으로 좋은 제도이다. 독재적인 운영과 토박이의 독주를 견제하는 등 아름다운 운영체제이다. 그러나 회의 때마다 앙금이 남아 있는 느낌이다. 자기 의견대로 결정이 되지 않았을 경우 감정이 상하고 회의가 다수의견으로 끝났음에도 불구하고 불평객들과 뒤에서 제 이차 회의를 가진다. 쑥덕공론을 하여 지도자를 곤란케 만드는 경우가 종종 있다. 자기 의견이 절대적으로 최선이라고 말할 수 없는데도 양보하는 아량이 부족하다. 대인(大人, 큰人)은 어울릴 줄 알지만 패거리를 만들지 않고 소인(小人)은 패거리를 만드나 어울릴 줄을 모른다는 말이 있다. 한국교회의 분열은 바로 여기에서 시작된다.

각각 자기보다 남을 낫게 여기라고 말씀하신다(빌 2:3). 넓은 마음을 가지고 다른 이의 의견도 경청해서 들어보고 원만한 합의점을 찾아 화평을 만드는 자가 되자. 일단 가결된 사건은 나와 반대된 의견이라 할지라도 앞장서서 추진해 나가도록 하는 성숙한 그리스도인이 되자. 안 되는 조건을 자꾸 이야기하면 분열 밖에 남는 것이 없다. 단체마다 제 이차 회의를 중단하도록 결심하자.

자녀에게 복을 남기고 가는 부모가 되자

자녀에게 재앙을 물려주는 고약한 유산도 있다. "너희 자녀들은 너희의 패역한 죄를 지고 너희의 시체가 광야에서 소멸되기까지 사십 년을 유리하는 자가 되리라"(민 14:33). 조상들의 패역무도한 행동과 불신의 죄에 대한 대가로 이스라엘 자손들은 사십 년의 긴긴 세월을 황야의 험난한 환경 속에서 훈련받아야만 했다. 그 기간이어야만 자식 속 깊이 뿌리내린 부모로 인한 악성이 용해될 수 있다는 해석도 된다. "아비의 죄가 후손 삼사 대까지"(출 20:5)의 징벌 역시 부모의 위치가 얼마나 수돗물의 상수원 같이 중요한가를 말씀해 준다. 물론 하나님을 경외하며 그 뜻을 따르는 자의 자손은 수천 대까지의 넘치는 복을 약속했다. 북이스라엘의 왕들은 한결같이 악한 왕들이었고, 따라서 죽이고 죽는 악의 고리가 지속적으로 반복되었다. 초대 왕 여로보암의 길을 따른 자들이 처참한 운명을 맞이했고, 더 나아가 아합과 바알신을 극심히 섬긴 그 아내 이세벨 후손들이 비참한 운명을 맞이했다. 아합의 딸과 결혼한 여호람 왕이나 아하시야 왕은 모두 비극적으로 살다 죽었다(왕하 8:18, 9:27).

'하나님의 사랑'이란 제목으로 설교하는 마이어 목사의 교회에 동네에서 악질로 소문난 밀러란 사람이 불쑥 들어와 주저앉았다. 교인들은 그의 극적인 회심을 위해 기도하며 목사는 말씀을 간절히 전했다. 그러나 구원 초청시간에는 밖으로 나가버려 교회의 실망은 컸었다. 그는 바로 집으로 달려가 자기 아내와 다정히 키스하고 두 아들을 포근히 팔로 안고 흐느꼈다. 수년 만에 뺨을 적시는 눈물은 뜨거웠다. 어머니가 가르쳐준 기도를 드리며 회개했다. 진정한 회개는 먼저 가정에서부터 달라져야 한다는 교훈이다. 영국의 역사가 '기본(Gibbon)'은 로마의 멸망은 성 도덕의 타락과 가정의 부패에 있었다고 말했다. 신실한 믿음과 정직한 삶 그리고 경건한 분위기와 가정예배는 후손이 계승받을 값진 보화이다.

오월 가정의 달에 무엇을 선물로 주고 싶은가? 부부가 화락하게 사는 모습을 보여주는 것이 자녀에게 남길 최대의 유산이란 말이 있다. 좋은 성적을 쌓게 하기보다는 실력 있는 자녀로 육성해야 한다. 간악한 마귀의 공격과 세상의 달콤한 유혹과 자신 안에 숨겨진 정욕을 이길 수 있는 하나님의 능력만이 진정한 실력이다. 그 다음에 세상지식이어야 한다. 우선순위를 어디 두느냐에 따라 복과 재앙이 선택된다. "눈물의 자식은 망하지 않는다"는 낯익은 교훈을 새김질하고 기도실로 들어갔으면 한다. 후손들에게 복의 근원이 되고 축복의 통로가 되는 멋진 조상이 되시기 바란다.

'예수님이' 라고 부르자

역사적 인물에게는 존칭어를 생략한다. '칸트가 말하기를', 혹은 '소크라테스의 글에는' 등의 표현을 한다. 그러나 예수님께서는 살아 계셔서 지금도 우리와 인격적인 관계로 교제하시는 분이시기 때문에 '예수'라고 말하기 보다는 '예수님'이라는 존칭어를 써야 한다. '하나님'이라 '예수님'이라 부른다면 '성령님'에 대해서도 '성령'이 아니고 '성령님'이라고 불러야 한다. 부르는 자의 정감이 달라질 것이다. '예수'라 한다면 객관적인 인물로 나와는 거리가 멀게 느껴지지만 '예수님'이라고 부른다면 나와 아주 절친한 내 구주로 사랑하게 된다. 그리고 그분에 대한 지극한 존경심을 뜻하기도 한다.

예수님과의 친밀한 정을 담기 위해서도 '예수님!' 부르며 속삭이는 기쁨이 넘실거리기 바란다. 할렐루야!

신앙 생활 중에서 가급적 바른 용어를 사용하자

· 예배 본다 → 예배 드린다. (하나님께 우리의 정성스런 예배를 드리니까.)

· 준비 찬송합시다 → 찬송 부릅시다.(찬송 자체가 예배다. 언제 어디서 부르든지 찬송이 예배다. 준비란 말을 쓰지 말자.)

· 당신께 기도합니다 → 하나님께, 하나님 아버지께 기도합니다. (2인칭 당신이란 표현보다는 구체적으로 '하나님' 이라고 부르면서 기도하는 것이 좋다.)

· 기도 드렸습니다(하였습니다) → 기도 드립니다.(기도합니다) (기도는 끝나는 것이 아니고 영원한 현재성이다.)

· 우리 성도님들이 기도할 때 → 저희들이(교우들이) 기도할 때(공중기도에서 기도 인도자는 회중과 동일한 입장에 있다. 하나님 앞에 겸손한 모습이어야 한다. '님' 을 붙여서는 안 된다.)

· 대 예배 → 주일예배(예배는 크고 작고를 비교할 성질의 것이 아니다. '주일예배', '수요예배', '주일밤 예배'라고 하면 된다.)

· 예배 봐 준다 → 예배드리러 간다. ('개업예배 봐 주러 간다' '구역예배 봐 주고 온다' 등. 예배는 대신 봐주지 못한다. 이것은 '점을 봐 준다' 식의 표현이다.)

· 고인의 명복을 빕니다 → 하나님의 위로를 받으시기 바랍니다. (명복은 불교의 전용어로 불교 신자가 죽은 후에 가서 심판을 받게 된다는 곳을 명부(冥府)라 하는데 거기서 받는 복을 가르키는 말이다.)

· 미망인 → 고인의 부인(순장에서 유래된 말이다. 남편이 죽으면 같이 죽어야 하는데 아직 죽지 않고 살아있는 여인이라는 뜻이다.)

· 삼우제(三虞祭) → 첫 성묘 (우제란 장례를 마친 뒤에 지내는 제사다. 이때의 제사는 세 번 갖게 되는데 초우, 재우, 삼우라 한다.)

· 예수 → 예수님, 성령 → 성령님(인격적인 신분이시기에

세 분 모두에게 존경어를 드림이 마땅하다.)

· 전야제 → 전야 축하행사(성경에는 전야에 축하 행사가 없다. 교회 전통상 부활절 전야, 성탄절 전야 행사를 가지는데 제사의 성격이 아니므로 '전야 행사'로 함이 좋다.)

· 영결식 → 장례예식, 천국 환송예식(영결은 영원히 이별한다는 뜻이다. 발인식은 시신을 담은 상여가 집에서 떠난다는 뜻이다. 장례예식 혹은 천국 환송예배(식)으로 함이 좋을 것이다.)

· 축제 → 잔치(우리말 큰 사전엔 축제를 '축하하고 제사 지냄', 동아 한한중 사전에는 '축제는 제사 이름이니 묘문 안과 밖에서 이틀에 걸쳐서 드리는 묘문제로서 조상을 사당 안에서 제사 지내고 그 다음 날 사당 밖에서 지내는 제사이다'라 했다. 성령축제는 성령잔치로, 부활절 축제는 부활절 절기 행사로 함이 좋다.)

가난과 질병에 있는 형제들을 기억하자

하루에 굶어 죽는 사람이 이 세계에 3만5천 명이 된다.
아프리카에는 에이즈로 국민의 50%가 죽어가는 나라도 있다. 북한에도 유아 사망률이 남한의 10배라 한다.

아프리카 인구의 51%가 절대 빈곤자(하루에 한끼 먹는)이다. 평균수명이 한국의 반절되는 나라도 많다. 아직도 전기 없는 곳에서 선교하는 선교사들이 있다. 서부 아프리카에는 말라리아로 수많은 사람이 죽어간다. 전쟁으로 자기 고향을 떠나는 난민들이 수없이 많다. 배고픈 채로 잠자리에 드는 빈곤층이 아직도 많다.

예수님의 이름을 들어보지도 못한 사람들이 20억이나 된다.

반면 한국은 모든 것이 풍부하다. 물질도 복음도 국가의 경제력도 과학과 학문의 발달도 세계적이다. OECD 국가가 되었고 선진 대열에 서 있는 나라가 되었다. 이런 풍부는 축복이며 부담이다. 감사하며, 나누어 주며 살도록 하자. 선교하며 살자. 식사기도 때마다 먹지 못하는 세계의 수많은 굶주린 자들에 대한 기도를 드리자. 고통받는 형제들이 주님의 사랑을 받도록 긍휼한 마음을 갖자. 가급적 절약하며 살아야 한다.

신입 사원 모집에 기독교인을 우선적으로 뽑도록

로마 귀부인들은 사윗감 선호도 1번이 기독교 청년이었다고 한다. 로마가 성적으로 타락하여 매독에 걸려 눈이 멀고 정신적으로 방황하고 있었지만 기독교인들은 달랐다. 무서운 박해 속에서 살았던 기독교인의 삶은 정직하며 타락하지 않았고 정신과 육체의 건강이 양호하여 사회에 충직한 모범이었기에 딸을 서로 주려고 했던 시절이 있었다.

직원채용 등 각종 신입사원 모집에 운전자격증, 컴퓨터와 영어에 능한 자를 조건으로 세우고 있다. '기독교인 우대함' 이 포함되도록 하자. 비결은 간단하다. 일찍이 비법이 성경에 기술되었다.

"무슨 일을 하든지 마음을 다하여 주께 하듯 하고 사람에게 하듯 하지 말라"(골 3:23).

자기 근무처의 사장을 허물 많고 욕심 많고 성질 급한 입맛 떨어지는 상관으로 보지 말고, 예수님으로 보고 예수님께 하듯 하라는 말이다. 선생님을 예수님 대하듯, 학생을 예수님 대하듯이, 현장 감독을 예수님으로, 고객을 예수님 대하듯, 남편과 아내를 예수님께 하듯 하라는 말이다. 기독교인의 브랜드가 '정직' 혹은 '성실' 로 알려지도록 하자.

'구직난' 만 있는 것이 아니다. '구인난' 도 심각하다. 사람이 없다는 말을 한다. 기독교인의 브랜드가 '성실' 이라면 서로 오라고 할 것이다. 자세를 고치자. 예수님께 하듯 누구에게나 하자. 할렐루야!

예배 드리러 교회 간다

흔히들 방송에서 듣는 설교는 은혜가 있는데 교회 가면 설교에 '은혜가 없어!' 하는 말을 듣는다. 설교자 책임이든지 본인의 태도 때문이든지 그런 경우가 있다. 그러나 알아야 할 것은 교회는 예배드리기 위해 온다는 사실이다. 집에서 듣는 설교가 은혜가 있으면 듣고 많은 은혜를 받자. 그러나 교회는 내 욕심 즉 은혜만 받으려는 생각만 가지면 안 된다. 목사의 설교에만 은혜를 기대해서도 안 된다. 정성 다해 부르는 찬송 속에도 은혜가 있고 간절한 기도에 은혜가 넘칠 수 있다. 주님을 사랑하는 뜨거운 마음을 가지고 어려운 사람을 돕는 봉사에도 기쁨을 가질 수 있다. 내 기대에 맞는 설교와 은혜를 생각지 말고 은혜로운 분위기와 설교자를 위한 기도를 드리자. 목사님을 사랑하게 될 것이고 사랑하는 사람의 말이라면 좋아하게 될 것이다. 중심은 하나님께 예배드리러 교회 간다는 생각을 첫째로 두어야 한다.

단기선교는 장기선교사와의 협력 하에

방학이 되면 각 교회나 크리스천들이 많은 나라의 선교현장에 투입된다. 그 땅을 밟으며 기도하고 영적 암흑세계를 직접 눈으로 접하고, 나아가서 준비된 선교 전략을 가지므로 단기간이나마 선교사역을 실천한다는 것은 본인이나 주재 선교사들에게 큰 힘이 되고 도움을 준다. 선교현장을 밟기 전에는 선교가 구체화될 수 없다는 차원에서 선교적 사명을 강하게 하는 데는 대단한 공헌을 한다.

단 장기주재 선교를 제외시킨 독자적 선교는 많은 위험을 남긴다. 그 나라의 문화와 전통습관은 절대 무시 못할 생활의 전부이다. 한국문화의 습관 속에서 살아온 사람들은 그들의 문화를 이해하지 못할 뿐 아니라 주의 없는 처신은 그들이 보기에 무례한 행동으로 보여 기독교에 대한 혐오감을 심어줄 수 있다. 기독교 복음에 저항을 하는 나라에서는 장기선교사가 조심스럽게 다듬어 놓은 터전을 단기선교사들의 저돌적이고 용맹스런 복음전도로, 당시는 몇몇의 구도자를 얻었을지라도 결국 그 피해는 장기선교사들에게 고스란히 전가되어 선교사 추방 내지 선교금지법을 만드는 험악한 상태까지 이르게 된다. 장기선교사의 축적된 경험과 지혜로운 안내와 지도는 필수적이다. 단기선교팀의 눈으로 볼 때 장기선교사의 조심스러운 모습이 비 신앙적인 것으로 보일 수도 있다. 치고 빠지면 그만인 단기팀의 일시적 용맹은 신앙적이라고만 말할 수 없다. 이벤트적인 선교행사를 추진하는 단기선교팀의 만용으로 오히려 선교의 문이 닫히고 있다는 어처구니없는 현실을 무시해서는 안 된다. 장기선교사에게 격려와 도움이 되도록 하고 또 그들의 정책을 따르므로 앞으로의 단기 선교가 보다 세계복음화에 큰 몫을 차지했으면 한다.

남은 두 달 동안 본격적인 회개를 하자

백 년 전 평양에서 일어났던 회개와 대부흥을 갈망하여 한국교회는 몇 년 전부터 2007년을 무척이나 고대하며 부흥을 주시라고 울부짖기 시작했다. 'Again 1907!' 드디어 '교회를 새롭게 민족에 희망'을 표제로 삼고 상암 월드컵 경기장에서는 십만의 그리스도인들이 여름 열기를 몸에 품고 사랑을 베풀어 회생시켜 주시라고 떼를 쓰고 눈물을 뿌렸다. 계속되는 기독교의 침체를 한꺼번에 몰아내는 무엇인가가 터지기를 고대하고 기다렸다. 그러나 열 달이 지났는데도 기미가 없다. 아프간 사태가 일어났을 때 기독교에 대한 일반인의 시선이 너무나 가혹했다. 기독교를 이유 없이 비판하고 매도하였다. "온 백성에게 칭송을 받으니… 주께서 구원 받는 사람을 날마다 더하게 하시니라"(행 2:47)의 상태가 도무지 회복되지 않고 있다. 큰일이다.

이제라도 그리스도인들은 자신을 깨뜨려야만 한다. 자신의 비행과 악을 끝까지 숨기면 하나님께서 폭로시킬 것이다. 가식 없는 철저한 회개가 성전제단에서부터 샘물 솟듯 터져야 한다. 하나님의 노여움을 풀어 드리는 깨끗한 회개운동이 일어나야 한다.

거짓말을 아직도 습관적으로 하고 있지 않은가? 음란죄를 지속하고 있지는 않은지? 다른 사람을 미워하고 감정 품고 살면서도 화해하지 못하는 비겁함이나 아니면 오히려 뻔뻔스러운 오만함으로 비난만 하고 있지는 않은지? 가짜 박사 학위를 받지 않았는지? 남의 재산에 손해를 주고 떼어 먹은 일은 없는지? 아직도 교회가 분쟁과 다툼이 있는 상태로 예배드리는 가증한 일을 감행하고 있지 않은지? 회사나 사업체에서 부정하거나 뇌물을 주고받거나 허위문서 내지 분식장부를 만들지 않았는지? 믿지 않는 사람들에게 비웃음 받는 어리석은 일을 하고 있지 않은지? 아직도 하나님 앞에 솔직하지 못하고 숨기고 있는 비성서적인 삶을 지속하고 있지 않은지? 하나님께서 인증해 주시는 통쾌한 회개와 각성이 이제부터라도 일어나야만 한다. 그래서 침체의 늪에서 벌떡 일어나야만 한다. 살지 못하면 죽는 수밖에 없는 생존법칙이다.

한국교회와 성도여! 깨어나라! 주님의 울부짖음이 우렁차게 들리는 것 같다. 오! 주님!

저녁예배 시간을 활성화하자

브라질교회가 주일 밤예배가 정식예배이고 오전에는 부서별로 모여 성경공부하는 것을 인상깊게 본 일이 있다. 남미의 여러

나라에 비해 아주 알찬교회로 한국교회를 능가하는 성장을 할 뿐 아니라 선교하는 나라로 발돋음하는 영광을 누리고 있다. 반면 한국은 주일 낮 예배는 대성황을 누리지만 밤 예배는 점점 쇠퇴하는 경향이 있는 것 같아 안타까움이 있다. 밤 예배가 오후예배로 바꾸어지는 현상이 보편화되면서 한번 교회에 와서 오후예배까지 드리고 가는 간편함에 익숙해졌다. 저녁에도 다시 모이는 긴장감이나 밤 예배라는 황혼의 특징에서 볼 수 있는 뜨거움과 명절적인 홍분도 잃어버린 것 같다. 물론 오후예배의 장점도 많이 있다. 거의 노인들만 있는 농어촌교회는 병약함으로 기동력이 떨어지고 먼 길을 왕래하기 힘든 노인층에게는 오후 예배가 지혜로운 선택일 수 있다. 대 도시의 경우 교통 혼잡으로 수시간 걸려 교회를 갔다 온 후 지친 몸으로 저녁에 다시 가야 한다는 것은 곤욕일 수도 있다. 평소 분주한 삶 속에서 가정 제단을 쌓지 못하던 식구들이 주일 밤에는 오붓하게 가정예배를 드리도록 유도하는 교회들이 있어서 역시 이것도 아름다운 장면일 수 있다.

  그럼에도 불구하고 저녁예배의 화려함은 여전히 존재하고 있다. 낮 설교가 초신자를 염두에 두고 구원초청 내지 기독교에 대한 전반적인 이해를 돕는 폭 넓은 설교인 반면, 밤에는 교회를 좀 더 뜨겁게 달구는 깊고 진한 메시지가 자세히 전달된다. 밤 예배 때 신앙이 더 강해진다고도 말한다. 낮의 감성과 밤의 정서가 전혀 다르다. 간곡한 기도제목을 놓고 온 교회가 일치감을 가지고 장시간 기도할 수도 있다. 선교사들의 선교간증이나 특별행사도 밤에만 그 효과와 운치가 나는 수도 있다. 여러 번 드리는 낮 예배로 시간 쫓기는 부족한 부분도 밤 집회를 통해 채울 수 있다. 무엇보다도 모이기를 폐하는 습관이 될까 두려운 것이다. 예배 횟수가 줄어든 서양교회가 결국 열정까지 잃고 쇠퇴하게 되는 아쉬움을 보면서 한국도 그 길목으로 가는 것이 아닌가 하는 우려도 가진다. 구약에 아침 번제가 있고 저녁에는 소제가 있다. 초대교회는 날마다 모였고 구원받는 사람이 날마다 더했다. 영성의 거장들이 외쳤던 폭풍 같은 설교와 평양대부흥도 밤 집회 때 일어났었던 기억을 잊어서는 안 될 것이다. 모슬렘 교도들은 날마다 다섯 번씩 모스크에 모여서 예배하고 기도한다. 회당에 갈 수 없는 사람들은 현재 위치하고 있는 그 장소에서 기도하는 전통을 유지하고 있다. 공산주의가 세계를 지배할 때 그들은 저녁마다 모여 공산주의 학습을 맹렬히 했다. 인류를 멸망시키는 악인들도 열성을 가진다면 생명을 살리는 예수님의 사람들은 더욱 뜨거워야 하지 않겠는가. 저녁예배가 다시 회복되고 활기를 찾았으면 한다.

내게 주신 은사에 따라 충성하자

고린도전서 십이장에 보면 성령의 아홉 가지 은사가 나온다. 다른 이에게는 같은 성령으로 믿음을, 어떤 이에게는 한 성령으로 병 고치는 은사를(9절) 주셨다고 말하면서 한 성령님이시지만 각각 다르게 은사를 주셨음을 말씀한다. 뿐만 아니라 성령께서 그 뜻대로 각 사람에게 나눠주신다고 하셨다(11절). 그 사람에게 꼭 유익될 것을 주시는 지혜로운 배분을 말한다. 주신 이유는 유익하게 하기 위함이라고 하셨다(7절). 자기 신앙의 발전과 주님을 더 알뜰히 잘 섬기라는 뜻에서 선물받은 것이다. 병 고치는 은사나 방언과 같이 뚜렷이 나타나는 은사도 있는가 하면 지혜의 말씀이나 믿음의 은사처럼 특출나게 나타나지 않는 내면적인 은사도 있다. 겉보기에는 은사받지 않은 것 같이 보인다. 방언 못 받으면 구원받지 못 한다든가 자기 은사만을 특별하다고 할 때 불화의 원인이 된다. 말할 수 없는 은사(고후 9:15)라 하였으므로 이외에도 헤아릴 수 없는 더 많은 은사가 있어서 하나님께서는 교회에 주시기를 좋아하신다. 은사(恩賜)는 그저 주는 선물을 말한다. 각양 좋은 은사와 온전한 선물이 아버지께로부터 온다(약 1:17) 하였다.

가장 큰 은사를 사모하라고도 하셨다(31절). 바로 그 다음 절에 사랑을 말씀하신 것(고전 13:1)을 보면 최고의 은사가 사랑이라는 뜻이다. 사랑이 제일(고전 13:3)이라고 말씀하신다. 방언과 천사의 말을 할지라도 사랑이 없으면 아무 소용이 없다고 하신 것을 보면 은사 받은 자체보다도 그것을 어떤 태도로 사용하느냐가 더 중요한 것 같다. 고린도교회가 은사는 풍성한데도 분란이 많았던 경우를 보면 사랑만이 모든 것을 조화롭게 만드는 지혜의 비결이면서 은사 자체임을 알 수 있다. 이 은사만은 간절히 사모해야 한다. 다른 사람이 받은 은사를 나는 받지 못했다 해서 실망한다든가 자기가 은사 받은 것으로 특별 등급의 사람으로 우쭐대는 것 모두가 주님께서 원치 않는 일이다. 부모로부터 큰 선물 받았음을 감사하면서 효도하는 것처럼 아버지이신 하나님께 나에게 이미 주신 은사를 활용하여 복음선교와 교회의 유익에 크게 이바지하는 신실한 성도가 되었으면 한다. 할렐루야!

기념교회를 세우자

모슬렘교도들은 세계 곳곳에 그들의 신전을 웅장하게 세우고 있다. "아무개는 방글라데시에 모스크(모슬렘 신전)를 다섯 개나 세우고, 아무개는 파키스탄에 일곱 개나 세웠대!" 하는 말이 동네에 덕담으로 퍼지고 일생의 보람으로 여기고 있다. 세계 이슬람화 계획으로 나라마다 신학교를 대량으로 개설하여 훈련시키고 또 대형 모스크를 경쟁하며 건설해 나가고 있다. 한국도 공격당하고 있는 실정이다.

모든 크리스천은 가정이나 교회의 경사나 애사에 흔적을 남겼으면 한다. 결혼식을 맞이한 신랑 신부 혹은 그 부모들은 지나친 혼숫감으로 시달리는 대신 세계 곳곳에 교회당이 필요한 곳이나 선교센터가 요구되는 곳에 예배당을 건축하거나 기념교회를 세운다면 멋진 결혼기념이 될 것이다. 돌 기념교회, 회갑기념 선교센터, 결혼 10주년 기념학교, 부모별세기념 고아원 설립, 첫자녀 출생기념 병원 건립 등 의미 있는 선교 투자가 절실히 필요한 선교현장이다. 교회는 교회창립주년 때 선물을 주고 떡을 만들어 먹으면서 자축행사로 지내는 그 비용으로 매년 교회설립주년 기념교회 하나씩을 세워 간다면 세계복음화는 빨라질 것이다.

물질을 많이 가지신 분은 좀 큰 액수로 영광 돌릴 수 있을 것이고 적은 액수로 할 수 밖에 없는 분은 시골에 오백만 원 정도로도 건축될 수 있는 지역을 선택할 수도 있을 것이다. 기념식수를 하듯이 의미 있는 행사에 세계를 향한 선교의 넓은 마음으로 아름다운 흔적을 많이 남겼으면 한다. 할렐루야!

단기팀을 맞이하는 선교사의 효과적인 준비

교회에서 보낸 단기선교팀이 선교지를 다녀온 후 선교야당이 여당으로 바뀔 수도 있고 정열적인 선교여당이 불행하게 선교야당으로 변심하고 돌아오는 경우가 있다. 방문객의 편견을 소화하지 못할 때나 선교사가 미처 생각지 못한 부족한 태도로 치명적인 결과를 낳게 된다. 계획된 준비가 있어야 한다.

1. 단기팀이 선교지에 와서 어떤 사역을 할 것인지 선교사는 미리 알아보고, 선교지에 와서 활동하면 좋을 부분도 선교사는 전달하여 그 부분을 준비하도록 한다.

2. 이것을 전제로 선교지에서의 활동을 날짜별로 정확히 계획을 세워서 보내라.

3. 방문단이 선교지에 도착하면 즉시 계획서에 따라 진행하는데 적합한지 수정 확정하라. 세밀하게 설명해야 이곳 사정을 모르는 방문객이 활동에 차질이 없게 된다. 아침마다 그 날의 활동할 것에 대한 자세한 설명을 반복해야 한다.

4. 예비지식으로 그 나라의 현황과 기독교의 위치와 복음전파상황 및 선교사 본인의 사역을 미리 알게함으로 그 나라에 깊은 관심을 가지도록 한다. 예절, 복장, 현지에서 조심할 것 등을 자세히 설명해서 부작용이 없도록 한다.

5. 과장보고 내지 축소보고 모두 교만한 겸손이다. 정확히 모든 내용을 보고함으로 중보기도를 받아야 한다. 기도후원을 받기 위해서 잘 되는 일, 잘 안 되는 일 모두를 알려주라.

6. 선교사 가정에서 식사 대접할 경우 정성을 다하나 비싼 음식은 금물이다. 자기 분수에 넘치도록 한 것이 오히려 방문객들에게 선교사가 너무 잘 먹고 산다는 인상을 줄 수 있다. 그 나라 음식 중 특이한 것이나 값싸고 풍성한 과일을 대접하여라.

7. 유럽과 가깝다든지 통상이 잦은 지역에서는 벤츠나 볼보 등이 자가용이 될 수 있다. 그 이유를 설명해 주라. 250만 원에 구입된 20년 된 벤츠를 타는 선교사를 보았다. 그 나라는 거의 독일이나 유럽계통의 중고차를 사용한다. 고물이지만 선교사가 명품 고급 승용차를 굴린다고 오해받을 수 있다. 그 나라가 대부분 유럽차를 사용하는 이유와 티코보다 싼 차라는 것을 반드시 설명해 주어야 한다.

8. 집이 큰 이유도 반드시 설명해 주어야 한다. 집안에 특이한 것이 있으면 그것에 대해 이해시켜라. 한국과의 문화차이를 구별 못한다. 선교사는 열악한 상황에서 고생만 하는 것으로 인식되어 있다.

9. 후원교회나 개인에게 선교비를 받은 것에 대해 감사하다는 말을 꼭 해야 한다. 개인적으로 선물 받았거나 특별 지원에 대해서도 고마움과 사용결과를 보고하라.

10. 선교지에 와서 감동받은 자들이 후원을 약속한 경우라면 조용히 기다리면서 지원이 올 때까지 조급해하지 말고 결과를 기다려라. 한국공항에 내리자마자 잊을 수도 있고 자기 교회에서 가결되지 않을 수도 있다.

11. 귀국할 때는 방문한 나라가 복음화되기 위해서, 또 선교사를 위한 후원 동지가 되도록 기도제목을 구체적으로 안겨주라.

12. 젊은이들 가운데 단기선교사가 장기선교사가 되는 경우가 많다. 선교가 의미 있고 즐거운 사역이라는 인상과 호감을 가지도록 하라. 선교는 고생만 한다는 비관적 인상을 주어서는 안 된다.

13. 자기의 선교사역만 보여주지 말고 선교는 여러 각도에서 할 수 있다는 넓은 안목을 주기 위해서 다른 선교사의 아름다운 선교사역도 보여주고 방문하는 것도 유익을 준다.

14. 선교지에서 일어난 부정적인 사건이나 어떤 개인의 실수나 단점을 절대 말해서는 안된다. 귀국 후에는 통잡아 모든 선교사를 비난한다. 선교사의 위상을 추락시킨다.

15. 자기생활이나 사역비가 부족한 것을 방문객에게 말하지 마라. 하나님의 은혜로 살고 있음을 감사함으로 말하라. 기도제목을 위해 기도하다가 필요한 때에 하나님의 손길이 미치는 법이다.

16. 단체의 지원으로 실시된 세미나나 집회라면 반드시 경비가 어떻게 쓰여졌는가를 정확한 수지 결산을 보고해야 한다. 보고가 없으면 돈에 대해 불투명한 사람이라는 오명이 남게 된다.

미국을 위해 기도하자

미국은 초강대국이어서 세계에 미치는 영향은 절대적이다. 이번에 미국에서 불거진 경제위기가 세계 모든 나라에 골고루 파급되어 큰 고통을 주었다. 거의 다 미국과 연관되어 살기 때문이다. 좋은 영향 역시 대단하여서 세계선교사의 절반을 미국이 책임지고 있다. 인권과 자유가 억압된 나라에 미국의 개입으로 위기에서 벗어난 나라들이 그 고마움을 표하고 있다. 폭력과 음란 등 타락문화의 수출국이 될 뿐 아니라 많은 나라에 큰 도움을 주는 두 개의 얼굴을 가진 나라이다. 모슬렘 사람들은 미국을 기독교 국가라고 보고 미국의 나쁜 점들을 모조리 기독교 국가라서 그렇다고 몰아 부친다. 기독교 내지 예수님의 명예를 여지없이 깎아 내리기도 하고 한편 기독교의 우월성을 표방하는 대표적 나라가 되었다. 이런 차원에서 미국을 위한 기도는 필수적인 사명이다.

미국의 건국은 참으로 아름다웠다. 신앙의 자유와 순수 신앙을 지키기 위해 찾아온 청교도들이 나라의 기초가 되었다. 그리고 한국에도 많은 선교사를 보냈고 육이오 전쟁 때에는 많은 젊은이들이 피를 흘려 이 땅의 공산화를 막아 주었다. 미국이 타락하지 않고 건강한 모습으로 서 있어야 세계에 유익이 된다. 그리고 복음이 확산되고 더 많은 선교사를 지속적으로 보내는 나라가 되기 위해서도 관심을 가지고 기도해야 한다. 그리스도인들은 친미나 반미의 차원에서 벗어나야 한다. 무한한 힘을 가진 미국이 끝까지 세계 평화의 선한 도구가 될 때 사탄의 세계침투를 막을 수 있다. 할렐루야!

제4부
강단과 삶의 현장 사이에서

강단은 예수님을 홍보하는 선전장
-설교자가 설교자에게-

예수님께서 직접 말씀하셔야 할 메시지를 택함 받은 하나님의 보내신 사자(使者) 즉 주의 종 설교자들이 예수님을 대신해서 복음을 전하게 된다. 그래서 대언자(代言者) 혹은 대리자(代理者) 라고도 말한다. 그런 의미에서 강단은 예수님의 뜻만 전해야 하고 그분을 널리 그리고 자세히 알리는 선전장이라 할 수 있다.

설교자는 예수님 이야기를 많이 해야 한다

성경의 중심은 구원자 예수님이시다. 사도들의 핵심적인 설교내용은 십자가에서 돌아가신 예수님과 부활이었다. 예수님께서 구주시라는 것을 밝히기 위해 구약의 모든 선지자와 족장들을 열거하면서 예수님은 하나님께서 보내신 그리스도이시니 믿어야 하고, 그분으로만 구원이 있다는 내용으로 가득하다. 교회에는 구원의 확신을 가진 자가 있는가 하면 왔다 갔다 하는 사람, 그날 처음 나온 사람, 진리의 적대자들도 있다. 그러므로 그날 청중 모두가 예수님을 영접하도록 하는 데까지 초점을 두어야 한다. 그래서 집회 때마다 구원 초청을 해야 하고 그날 우리 교회 왔다가 지옥 가는 사람이 없어야만 한다. 교회는 구원과 희망을 파는 상점이 되어야 한다. 예수님 이야기로 핵심을 삼아야 한다. 참 설교는 설교 듣고 나가는 성도들이 "목사님 설교를 들으니 예수님은 과연 위대한 분이시군요. 나의 구세주가 되고요"라고 고백해야 한다는 것이다.

강해설교가 가장 성서적 설교이다

예수님에 대해서 말하는 설교가 되어야 하겠다는 생각에서 사복음서로 강해 설교를 많이 했다. 자연적으로 주일마다 예수님에 관한 말씀이 끊이지 않았다. 강해설교를 통해 많은 유익을 얻었다. 먼저 다음 주일 설교제목이 부담되지 않았다. 제목설교를 할 때는 '다음 주일에는 어떤 제목으로 설교할까' 하는 것이 가장 어려운 숙제였다. 그런데 순서대로 해 나가니까 본문에 있는 내용으로 제목을 정하면 된다. 또한 성경본문 자체 속에 서론과 본론 그리고 결론이 다 들어있다는 점이다. 성경보다 논리적이고 새로운 책이 없다. 그리고 그 본문 자체에 그날 설교할 내용이 다 창고의 보화처럼 저장되었다는 점이다. 그 내용을 해석하고 적용하므로 시대적인 상황을 외면치 않는 역사성을 포함하는 현실적 설교가 될 수 있다. 또 다른 수확이 있다면 성경명상(큐티)의 힘을 길러 주었다는 점이다. 본문을 큰 틀과 현미경적인 두 시각에서 파악할 수 있는 눈을 가질 수 있었다. 성경의 연관성을 발견할 수도 있었다. 새벽기도회 때는 성경을 창세기부터 차례로 하루에 한 장씩 읽는 것으로 매일 새벽을 이어갔다. 말씀 자체가 은혜롭고 새벽설교를 따로 준비할 필요가 없었다.

본문을 암송했다

설교 준비가 다 끝난 후에는 토요일 오후나 저녁까지 내일 설교할 본문을 암송하고 묵상했다. 여러 번 반복하고 명상하는 가운데 받는 은혜는 이루 헤아릴 수가 없었다. 부사, 형용사, 접속사 그리고 점 하나까지 깊은 의미가 담겨 있고 은혜가 숨겨 있었다. 그래서 하나님의 말씀이 일점일획도 정확무오함을 실감하였다. 준비한 노트 속에 쓰여 있는 내용보다 본문 자체에서 풍겨 나오는 말씀 자체로 내가 먼저 은혜를 받았다. 명상하는 가운데 내일 설교할 수 있는 기쁨과 힘을 얻었다. 교인들은 설교자의 입에서 암송되는 성경말씀 자체에서 큰 은혜를 받는다는 것이다. 나 자신 본문을 암송하고 강단에 서기 때문에 쉽게 빠지는 설교의 외도를 피할 수가 있게 되었다. 이것만큼은 꼭 강조하고 싶다.

설교는 설득적 선포이다

전에는 설교를 선포라고 했다. 듣든지 아니 듣든지 선지자들처럼 외치기만 하면 임무완성이 되는 줄 알았다. 그러다가 반응이 없는 설교는 아무런 열매가 없다 하여 설교는 설득이라 했다. 요새 지혜로운 방법으로 '설득적 선포'라고 말한다. 말하는 입장이 아니라 듣는 자의 입장에서 전달방법이 이루어져야 한다는 말이다. 어느 설교학 교수의 강의를 들은 적이 있다. 아나운서처럼 천편일률적으로 말하지 말고 웅변가처럼 투사처럼도 하지 말고 배우처럼 설교하라는 내용이었다. 대화하듯 친근함으로 다가오는 설득력 있는 설교를 하라는 말이다. 가장 보편적인 일상용어이지만 마음을 감동시키는 용어이다. 어른부터 어린아이까지 이해할 수 있는 설교를 해야 한다. 설교는 대화라는 이론도 이런 뜻에서 이해된다.

기도의 무릎이 설교의 성패를 좌우한다.

설교의 황제 스펄전 목사에게 감동적이고 능력 있는 설교의 비결을 물었단다. 그때 그는 "자기 교회에서 제일 많이 기도하는 사람보다 네 배를 더 하십시오"라고 대답했다 한다. 기도실에서 하나님과 친한 자가 강단에서 청중과 친하다는 말이 있다. 역사를 움직인 경건한 그리스도인들의 특징은 아침 일찍 무릎을 끓었다는 사실이다. 말은 강하고 유창하지만 말씀은 약한 설교자가 있다. 그러나 말은 바울처럼 시원치 않지만 강단에 오르면 말씀이 능력있는 자가 있다. 기도의 열매라고 보아진다. 영어에 낯익은 문구가 있다. 'No prayer No power, Little prayer Little power, Much prayer Much power!' 한국교인들이 교회에 가면 잠이 온다는 말을 한다. 설교시간에 조는 사람들이 많다. 어느 날 설교 도중 너무 졸고 있는 사람이 있어서 화난 설교자가 갑자기 "조는 사람 눈에 고춧가루나 뿌리시오!" 했다. 졸던 사람이 갑자기 일어나더니 "목사님의 설교에다 고춧가루를 뿌리십시오" 라고 하더란다. 요한 웨슬레가 "네 설교에 불을 붙여라! 그렇지 않거든 불속에 던지라" 는 말을 했다. 또 이런 이야기도 유포된다. 조는 사람이 있어 옆 사람에게 조는 교인을 깨우라고 했다. 그 사람이 대꾸하기를 "목사님이 재웠으니 목사님이 깨우세요" 하더란다. 설교자는 한 사람도 재우지 않겠다는 각오로 강단에 서야 한다. 성령에 감동된 뜨거운 열정의 설교가 요구된다.

설교보다는 설교자가 더 중요하다

교인들은 첫 해에는 설교를 듣고 다음 해부터는 설교자를 본다는 말이 있다. 뒷문을 막으라는 책도 있다. 목사의 인격과 편협적인 인간관계에 실망한 교우들이 교회까지 떠나는 경우를 본다. 교인 간의 갈등과 불화로 시작되는 다툼도 목회자가 평소에 존경과 삶의 모범이었다면 영적인 권위로 아름답게 해결될 수 있을 것이다. 설교가 삶의 체험에서 나온 것이라면 더욱 힘찬 감동을 주는 지도력이 될 것이다. 어느 신학교 출입문에 돋보이게 새긴 글을 보았다. '사람이 되어라! 성자가 되어라! 목자가 되어라! 학자가 되어라!' 경험 많은 인생스승의 성직자에 대한 애절한 교훈이었다고 생각된다. 미국에서는 한국 목사들의 추천서는 아예 신용을 하지 않는다는 서글픈 쓴 소리도 들었다. 가짜목사가 많고 가짜박사가 목사들에게도 많다는 말을 평신도들이 말하고 있다. 물론 다 수긍하기 어렵지만 목사다운 목사를 만났으면 좋겠다는 푸념도 있다는 사실을 반박만 할 수 없는 현실이 되었다. 여론조사에 십여 년 간 계속 존경하는 성직자의 순위도에 신부, 스님, 목사의 순으로 나오고 있다. 선호하는 종교에 있어서도 역시 카톨릭, 불교, 기독교로 기독교가 언제나 꼴찌이다. 따라서 성장둔화 내지 마이너스 성장이라는 부끄러운 통계를 숨길 수 없게 되었다. 성직자의 회개와 각성이 절실한 상태이다. 성자가 되고 수도사적인 목회자로 전환해야만 할 것 같다.

설교준비에 애타는 수고가 있어야 한다

하나의 작품을 한 주간에 하나 만들어 낸다는 것은 결코 쉬운 일이 아니다. 그러나 해야 한다. 일주일간 찢긴 심령을 치료하고 낙망과 실의에 빠진 성도에게 희망을 심어주고 탐욕과 음란과 미움으로 마귀의 덫에 걸린 교인을 성령의 불로 정화시키고 신앙에 적대적인 사상을 뽑아내려면 명의(名醫)가 되어야 한다. 그날 꼭 답을 주어야 한다. 목회자는 금요일부터는 말씀 준비와 경건의 마음으로 자신을 단속해야 한다. 목회할 때는 토요일은 우리 교인 결혼식 외에는 친척이나 친구의 결혼식도 가지 않고 내일 예배 준비에 정성을 기울여 준비했다. 어떤 일에도 토요일만은 간수했다. 토요일 외출은 내일 설교에 위험을 준다. 그 주일 설교는 성도들의 일주일 양식이 되는 충분한 영양분이 되어야 한다. 성도들이 다음 주일에 올 때는 오늘은 무슨 말씀이 주어질까 기대하고 올 수 있어야 한다. 잘 요리되지 못한 음식이나 설익은 밥을 먹을 수 없는 것 같이 은혜 없는 설교는 청중으로 화나게 한다. 하나의 양떼라도 축이 나는 일이 없고 실한 양으로 가득 찬 비옥한 목장이 되려면 꼴이 좋아야 한다. 풍성히 잘 먹이고 훈련시켜야만 한다.

감정이 아닌 감동시키는 설교를

강단의 남용을 삼가야 한다. 교인의 버릇을 고치려는 생각, 야단치려는 생각, 섭섭함을 풀려는 생각, 도무지 기초부터 되어 있지 않다는 얕잡아 보려는 생각, 목사가 푸대접을 받고 있다는 세속적 감정을 강단에서 풀면 안 된다. 예수님의 사랑과 진리로 감동을 주어야 한다. 차근차근 온유한 심령으로 가르쳐야 한다. 그날 참석한 사람들로 위로와 용기를 가지고 세상에서 빛이 되도록 격려해야 한다. 먼저 치료를 받아야 온전해질 수 있다.

설교의 길이는 핵심을 전달하고 소화할 수 있는 범위를

이십 분 간단히 외치는 멋진 설교는 인기가 있을 수 있다. 그러나 충분히 소화할 수 있을까 하는 의심이 있다. 주일설교를 한 시간 반을 하는 분도 계시다. 은혜만 있으면 탓하지 않을 것이다. 긴 설교에 질려서 새신자가 다시 오기 싫어한다면 실패작이다. 지루하지 않아야 하고 은혜가 있어야 하고 다음 주일을 기대할 수 있어야 한다. 저녁 예배 시간은 융통적일 수 있으리라 본다. 핵심 없는 설교를 길게 끌고 가는 시간만 메우는 설교자는 삯군일 것이다. 중언부언하는 설교여서는 안 된다.

당신이 설교한 제목이나 핵심을 아는가? 그리고 일치하는가?

주일 설교 제목과 핵심이 일치해야 한다. 제목과 내용이 전혀 연결되지 않는 설교를 가끔 듣는다. 그리고 설교자도 그날 설교핵심을 어디에 두어야 할지를 머리에 두고 설교해야 한다. 그 핵심을 교우들의 머리에 집중시켜야 한다. 설교가 끝난 후 그 설교를 생활에 적용시킬 명확한 메시지여야 한다. 그 설교만이 일주일의 양식이 되는 힘이 있다.

전도와 선교할 수 있는 충동을

성경의 중심은 구원이다. 구원받은 자의 사명은 오로지 사람을 구원시키는 일이다. 그 구원의 수단이 선교와 전도이다. 한 주간의 삶은 예수님을 전파하는 일에 관심 두도록 해야 할 것이다. 사도행전 1장 8절에 선교의 네 구역이 나와 있다. '예루살렘'인 내가 사는 우리 도시, '유다'인 우리나라 국가선교, '사마리아'인 특수지역 선교, '땅 끝'인 세계선교를 염두에 두고 살도록 주지시켜야만 한다. 교인 모두를 선교사로 만들어야 한다. 성령이 오셨기에 우리는 모두 네 구역 선교사가 될 수 있는 자격을 가졌음을 인식시켜야만 한다. 복음전파와 모범적인 삶을 살도록 독려해야만 한다.

설교자의 영광은 크고 크다

최고의 영광이라고 본다. 예수님을 전하고 구원의 말씀을 선포하므로 생명구원의 작업일 뿐 아니라 주님의 신임을 받아서 임무 수행을 한다는 뜻에서 감격스러운 일이다. 기뻐하면서 춤추며 감당할 성무(聖務)이다. 짜증낼 일이 아니다. 이보다 더 성스런 일이 그리고 의미있는 일이 또 어디 있겠는가? 천직(天職)의 자부심을 가져야 하리라고 본다. 설교 충동을 본능적으로 즐겨야 한다. 설교할 수 없는 환경이 올 때가 있다. 장차 후회함이 없도록 주어진 업무에 위대한 작품을 만드는 대단한 설교가가 되기 바란다. 할렐루야!

□ 첨부

P(Preacher) 설교자가..Who?

M(Message) 메시지를..What?

A(Audience) 청중에게..Whom?

S(Spirit) 성령의 능력으로 전해서..............................How?

T(Transformation) 변화(회심,성화)가 일어나게 하는 것..Why?

하나님의 말씀을 전하기 위해서 선택받고 훈련받은 그의 종들이 말씀을 선포하고 해석하여 삶에 적용하게 하는 것인데 그 시대의 커뮤니케이션을 통해(high tech 시대에 high touch로) 성령의 감화하심으로 인해 가능하다.

쌍벽을 이루는 초대교회의 향기
-예루살렘교회와 수리아안디옥교회의 특징-

1. 예수님을 닮은 교회성도였다

· 예루살렘 - "사람마다 두려워하는데" 시민들이 존경하는 특별한 인격자로 추앙했다. "온 백성에게 칭송을 받으니" 그리스도인의 선행을 격찬했다(행 2:43, 47).

· 안디옥 - 안디옥에서 비로소 그리스도인이라 일컬음을 받게 되었다(행 11:26). 크리스챤이라는 공식 명칭이 이곳에서 처음 붙여진 예수님을 닮은 교인들이었다.

2. 환란 중에 세워진 교회이다

· 예루살렘 - 예수님의 이름으로 말하지 말라는 심한 압박 속에서도 용기있게 전도했다. '위협함을 하감하옵소서'라는 기도로 고통 중의 승리를 이어 갔다(행 4:18, 29).

· 안디옥 - 스데반의 일로 일어난 환난을 인하여 흩어진 자들이 복음을 전했다(행 11:19). 사도 외에는 전국으로 흩어져 숨은 것이 아니라 피난길 종착지에 교회를 세웠다.

3. 사랑으로 하나된 교회이다

· 예루살렘 - 믿는 무리가 한 마음과 한 뜻이 되어 일사불란의 교회를 이루었다(행 4:32).

· 안디옥 - 다섯 명의 지도자 중에는 천민이나 왕족 등의 구별이 없이 사역했다(행 13:1). 헤롯왕의 동생 왕족은 그 이름이 천민 다음으로 네 번째에 기록된 평등의 교회다.

4. 금식하며 기도하는 교회이다

· 예루살렘 - 기도하기를 전혀 힘쓰니라(행 2:42).

· 안디옥 - 금식하고 기도하며 주를 섬기며 봉사하다가 주님의 명령을 받았다(행 13:3).

5. 하나님의 뜻에 절대 복종하는 교회이다

· 예루살렘 - 약속하신 성령님을 예수님 말씀대로 기다리며 성령님의 감동대로 움직였다. 성령의 권능으로 힘써 전도하고 이적을 행했다(행 1:15, 2:4).

· 안디옥 - 그 교회의 담임목사와 부목사를 선교사로 보내라 하니 보냈다(행 13:3). 교회 운영상 교역자들을 보낼 수 없는 형편인데도 복종하여 선교 시초교회가 되었다.

6. 교회 지도자의 인품은 뛰어났다

· 예루살렘의 '베드로' - 은과 금은 없지만 예수그리스도 이

름의 권능을 가졌다(행 3:6). 무식했지만 제사장의 무리조차 굴복시킨 힘은 성령 충만에서 오는 권위다.

• 안디옥의 '바나바' - 바나바는 착한 사람이요 믿음과 성령이 충만한 자다(행 11:24). 바나바는 바울을 동역자로 삼고 우주 제일의 교회로 목회했다.

7. 날로 부흥하는 교회였다

• 예루살렘 - 제자의 수가 삼천, 남자의 수가 오천, 유대인 중에 믿는 자가 수만 명이고 구원 받는 사람들이 날마다 더해 갔다(행 2:41, 4:4, 21:20, 2:47).

• 안디옥 - 수다한 사람이 믿고, 큰 무리가 주께 더해, 큰 무리를 가르쳤다(행 11:21, 24, 26). "주의 손이 그들과 함께 하시매"(행 11:21)가 교회 부흥의 비결이었다.

8. 선교하는 교회이다

• 예루살렘 - 스데반 순교 사건으로 예루살렘에서, 유다, 사마리아까지 확장했다(행 8:1). 열두 제자들은 거의 외국에 가서 선교하다가 순교 당했다.

• 안디옥 - 땅 끝 선교인 세계선교를 맡아 바울과 바나바를 최초선교사로 보냈다(행 11:4). 바울사도가 1, 2, 3차 전도를 예루살렘교회의 파송을 받아 갔고 안식년도 여기에서 가졌다.

9. 구제하는 교회이다

· 예루살렘 - 재산과 소유를 자기 것이라 생각지 않고 팔아 필요를 따라 나누어 주었다. 예루살렘 성에 핍절한 사람이 하나도 없었다(행 2:45, 4:34).

· 안디옥 - 천하가 흉년 들었을 때 구제금을 모아 유대에 사는 형제들을 도왔다(행 11:29). 신생 이방인 교회가 틀이 잡힌 예루살렘교회를 어려울 때에 도왔다.

예수님께서 전주안디옥교회를 설립하셨다

예수님께서는 강력하게 말씀하셨다. "내가 내 교회를 세우리라"(I will build my church. 마 16:18). 교회를 세우시겠다고 선포하신 이후 세계 곳곳에 그의 몸이신 성전을 베드로의 반석 믿음을 가진 사람들과 함께 풍성케 하셨다. 25년 전에는 안디옥교회를 세우시고 그리고 멋지게 운영해 오셨다. 사람들을 모으시고 목양할 목회자를 세우신 분도 주님이셨다. 그래서 우리가 끝까지 "믿음의 주요 또 온전케 하시는 예수님만"(히 12:2)을 바라보고 지시받아야 할 필요를 가진다. 그리고 안심되는 것은 우리 자상하신 예수님께서 안디옥교회를 사랑스러운 눈동자로 간수하시고 이끌어갈 것을 믿기 때문에 또 찬양을 드린다. 회고해 보건대 주님께서 관여하시지 않은 것은 하나도 없었다. 깡통교회로 시작하려는 마음이 우리에겐 전혀 없었다. 그런데도 이 건물 외에는 보여주시지 않았다. 필연적이었다. 삭개오를 보내어 교회재정의 50%의 기본을 정하게 하시고 70%까지 선교비로 사용케 하시면서 교회를 발전시킨 분도 우리 예수님이었다. "불편하게 삽시다. 우리는 권리는 없고 의무만 있다. 우리는 모두 선교사요 전도사요 관리인이다. 우리 교회는 주님 오실 때까지 개척 교회의 자세를 잃지 않으리라" 란 생각을 우리 마음 속에 집어 넣어 주신 분도 우리 주님이셨다. 이 기본적인 정신을 두 손으로 꼭 붙잡고 줄기차게 전진해야 할 것이다.

따라서 충성한 것이 있다면 오로지 '구주 예수님' 께 한 것이다. 안디옥교회에 봉사한 것이 아니다. '안디옥교회에 충성하자' 란 말은 성립되지 않는다. 안디옥교회를 통하여 주님께 충성했으며 안디옥교회를 통하여 천국창고에 헌금을 드렸고 안디옥교회에 주어진 잡다한 일거리에 가담함으로 결국 주님께 헌신한 것이다. 그래서 사람들이나 혹은 목회자가 알아주지 않는 경우가 있을지라도 섭섭할 수가 없다. 예수님의 기억력은 대단하셔서 작은 충성 작은 선까지도 일일이 챙기시고 달콤한 천국의 상으로 모조리 갚아주실 뿐 아니라 억울한 눈물도 생수로 닦아 주시기 때문이다. 전천후 일꾼으로 남아야 한다.

특별한 선교사명을 위탁하신 분도 선교의 총사령관인 하나님의 아들이셨다. 네 곳 지역을 명시하셔서 사도행전 1장 8절의 원리에 따라 선교할 수 있는 사명을 안디옥교회에 맡겨 주셨다. 우리지역인 예루살렘 선교 차원에서 '땅밟기 기도' 를 통하여 전주시를 기도의 띠로 묶었다. 선교전주를 통하여 모든 교회들이 연합하여 월요일 밤마다 모여 중보기도와 영적전쟁을 실시함으로 이 지역의 파수꾼이 되고자 했다. 온 유대 선교 차원에서 내 조국 대한민국에 매년 교회설립을 할 수 있는 영예를 주셨다. 사마리아 선교명령을 수행하기 위하여 장애인을 돌보는 일로부터 다양한 분야로 소외된 분들에 대한 봉사를 즐겁게 하였다. 땅 끝 선교 명령을 받들고자 바울선교회가 탄생하였고 선교 전문교회가 되었다. 예수님의 간곡한 포부는 오직 '생명 구원'이다. 인류 모두를 구원하시려고 고통스런 십자가까지 지셨다. 그 구원을 달성하는 수단이 오직 전도와 선교이다. 다른 그 외 모든 것은 이 목적을 위한 과정이다. '나는 선교사다!' 외치며 선교사의 여덟 가지 사명을 목이 터져라고 외쳤다. 이렇게 25년을 살았고 주님 오실 때까지 이 걸음으로 전진만 해야 할 것이다.

안디옥 선교사들이여!

부끄럽지 않은 안디옥 후배가 되어 멋진 전통을 이어 가기 바란다. 할렐루야!

직장선교회의 역할

1. 하지 말아야 할 것

1) 신자끼리의 모임(헌금, 예배, 식사로 끝나는)중심이 되지 말라.

2) 헌금은 신자회원의 애경사에 쓰지 말고 회사에 중대한 일이 있을 때 직장선교회 이름으로 직장을 위해 씀으로써 회사에 필요한 기구로 인식토록 한다.

3) '신우회'라고 부르지 말고 '직장선교회'로 부르라.(회원은 부인까지 포함시키라.)

4) 정기총회나 행사에 화환, 사례비, 공로패, 기념품을 없애라.

2. 직장선교 회원을 제자화하라

1) 전도훈련 성경공부로 제자화하여 전도일꾼으로 사명감을 가지도록 한다.

2) 목표 세운 것을 위해 집중적으로 기도하라.(3-7항까지)

3) 부정적인 말 대신에 적극적인 말만 하라. 우리 직장선교회는 약하다 하는 말을 버리라. 모이는 숫자에 관심을 두기보다는 사역에 역점을 두어라.

3. 직장동료 구원

1) 직장인과 그 가족까지 100% 구원을 목적하라.(개인전도와 협력전도로)

2) 성실하게 근무하고 상관을 존중하며 부하를 사랑하는 섬김의 자세로 모범을 보여 존경을 받아라.

3) 예수님과 교회를 기회가 있을 때마다 과감히 소개하고 직장동료를 교회에 초청하라.

4. 전도전략

1) 애경사에는 직장선교회 이름으로 성의를 표하라.(그 안에 선교회원 개인들의 이름을 써라.)

2) 환자는 자주 찾아가라. 어려운 문제가 있을 때 자주 대화하여 치료자 예수님을 소개하라.

· 사원이나 그 가족이 병원에 장기 입원했을 경우 일주일에 한 번씩 심방부장(직장선교회원 부인)이 기독교서점에서 백 원 혹은 이백 원 정도의 성구가 들어 있는 엽서를 구입하여 방문하며 "쾌유를 빕니다. 00기독교 직장선교회원 드림"을 쓴 카드를 전달하고 기도해 주라.

· 직장인이나 그 가족의 생일이 되었을 때는 친교부장(회원 부인)은 기독교 서점에서 구입한 생일 카드에 "생일을 진심으로 축하합니다. 하나님의 축복이 함께 하소서. 00직장 선교회원 일

동" 하여 전달한다.

   3) 직장의 불신자와 가족의 구원을 위해 전도 부장은 기도하고 교회의 총동원 주일에 꼭 초청하여 구원받도록 한다.

   4) 직장을 위한 중보기도자 및 중보교회를 많이 확보한다.

5. 직장문화를 기독교 문화로

   1) 준공식 기타 직장행사를 직장선교회가 주관하도록 한다.

    • 행사경비를 직장선교회가 전담(직장선교회 예배드릴때 나온 헌금으로)한다.

    • 유명한 합창단을 행사에 초청한다.(시립합창단이나 잘 부르는 교회찬양대 초청)

    • 발레단을 초청한다.(교회의 이름난 워십 팀이나 기독인 무용수)

    • 축복기도를 받을 수 있도록 사장의 허락을 받아 목사의 기도를 순서에 넣는다.

   2) 뇌물수수, 허위 문서보고, 분식회계, 술 문화, 음란 문화, 형식적 책상행정을 합동하여 척결하도록 노력한다.(정의의 집단이 된다.)

6. 회사의 번영을 위해 기도하고 앞장서라

   1) 사원 모두가 신뢰하며 사랑하는 평화스런 분위기를 만들

라.(웃으며 먼저 인사하기, 칭찬하기)

2) 직장의 발전을 위해 전력을 다하라. 월급만 받으면 그만이라는 무사 안일한 태도를 버리고 철저한 직업의식을 가지고 직장의 규율과 방침에 협력자가 되어라.

3) 직장이 하나님의 영광을 위해 쓰임 받는 하나님의 기업이 되도록 기도하라.

7. 직장선교사가 되라

1) 직장 출근 시 '나는 이 직장의 선교사다' 란 의식으로 출근하라.

2) 출근할 때 식구들은 "선교사님 잘~다녀오세요" 라고 인사한다.

3) 회사가 선교하도록 하라.(해외선교, 장애인선교, 농어촌선교, 해외노동자선교, 특수선교)

4) 세계선교에까지 관심을 두도록 한다.

- 선교사를 파송하고 매월 지원하고 기도하라.
- 그 직장의 해외 지사장이나 공관원으로 지원하여 파송받아 현지인 직원을 제자훈련 및 전도하여 구원받게 하는 단기선교사로 일하라.
- 직장과 연관된 해외 현지인을 한국으로 방문토록 하여 복음에 접촉되도록 한다.

· 비자 받기 어려운 지역의 선교사에게 그 회사의 직원으로 영입하여 비자를 받게 한다.

· 본인도 직, 간접으로 선교사(장, 단기)가 되고 기도와 물질로 선교를 돕는다.

· 선교를 위해 외국에 공장을 세우고 사업장을 열어 현지인 전도의 도구가 되도록 한다.

· 국내 외국인 노동자와 유학생에게 선교하여 구원받도록 한다.

하나님께서 마련해 주신 행복한 가정에서 산다

1. 가정의 창설자는 하나님

1) 결혼은 언약관계다. 세상은 계약관계로만 안다(마 19:6).
  · 남편은 하나님께서 직접 만드신 걸작품이고 아내 역시 그렇다.
  · 하나님께서 짝지어 주신 한 몸인 언약관계다. 파괴할 수 없는 신성한 조직이다.
  · 하나님께서 우리 생애 중에 주신 필수적인 아름다운 선물이 아내요 남편이다.

2) 돕는 배필(창 2:18)로서 사명을 감당해야 한다.
  · 남편은 주님께서 나를 위해 자신을 버리신 것 같이 그 십자가 사랑으로 아내를 사랑하라(엡 5:25).
  · 아내는 교회가 그리스도에게 복종하듯이 남편에게 복종하라(엡 5:22).
  · 남편 혹은 아내는 완벽한 인간이 아니다. 상처입은 부상병들이요 허물 많은 죄인이다. 소망과 기대를 불완전한 상대방

에게 두면 영원한 불평객이 된다. 시한부 부부다. 무차별 용서해주고 이해해 주어라. 영원한 상한 갈대이다. 소망은 오직 예수님께 두고 만족을 예수님에게서 찾아야 한다.

· 부부에게 주신 소명에 대한 자존감과 사명완수에 적극적인 협력이 있어야 한다.

3) 틀린 것이 아니라 다른 것이라는 남녀의 특성을 이해하라 (벧전 3:7).

· 지식을 따라 아내와 동거하라고 하신다.

남편 면허증, 아내 면허증을 습득하라. 그래야 무사고 가정을 만든다.

· 남성과 여성은 생리구조와 성격, 취미, 목적 등이 거의 반대적이다.

단점이 아니라 개성이고 또 다른 점이다. 고치려 들지 말고 있는 그대로 받아들여야 한다.

· 남자는 단순한 장거리 터널시야이며, 여자는 주변시야 및 광각시야를 가졌다.

남자는 목적이 중심이고 논리적이며 여자는 과정 중심적이고 정서적이다.

· 상대방에게 있는 서너 가지 허물보다는 백 가지 좋은 점을 찾을 수 있어야 한다.

4) 부부가 서로 바라는 것(박수웅)(고전 7:3-4. 상대방의 다스림을 받아)

    A. 아내가 바라는 것   B. 남편이 바라는 것
    · 부드러운 보살핌   · 성적만족
    · 대화   · 취미활동 동참
    · 신뢰할 수 있는 남편   · 매력적인 몸매
    · 재정적 안정감   · 집에서 편히 쉴 수 있게 해주는 내조자
    · 가정적인 남편   · 존경과 칭찬받기 원함

5) 달콤한 사랑의 유효기간은 억만 년이다.(요 13:1 끝까지 사랑)

  · 경건한 삶, 가정예배는 신앙의 기초를 견고히 하며 가정의 평화를 유지하게 하는 필수조건이다.

  · 사랑 표현은 하지 않는 것보다 하는 것이 훨씬 특효약이다.

  · "그래서 사랑하고"(So I love him), "그래도 사랑하고"(Though I love her) - 심한 갈등을 가진 부부가 평화로운 가정으로 해결된 비결

  · 부부간 존중하는 대화와 상대방에 대한 애칭을 새로운 단어로 계속 찾아라.

  · 자녀에게 물려줄 최대 유산은 부부가 화락하게 사는 모습

을 보여주는 것이다.

2. 자녀는 하나님이 주신 소중한 선물

1) 자녀를 주신 분은 하나님이시다(시 127:3).
· 자식은 여호와의 주신 기업이요, 태의 열매는 그의 상급이다.
· 자녀는 그 연령에 적합한 완벽한 인간으로 성장하고 있다.

2) 자녀를 노엽게 하지 말라고 하신다(엡 6:4).
· 자녀의 은혜를 아는 부모가 되자. 부모의 은혜를 아는 자녀만을 강조하지 말라.
· 자녀를 성적으로 보지 말고 생명으로 보자. (20점 성적표가 나왔을지라도)
· 자녀에게 실수했으면 잘못했다고 용서를 구하자. 영원한 상처를 남겨두면 안 된다.
· 명령자의 위치에 서지 말고 친구의 위치에 서라.
  - 위협적인, 화만 내는, 설명을 안 하는, 빈정대는, 매를 쉽게 드는, 이해를 안 하는, 남과 비교하는, 편견의 눈으로 보는 부모는 자녀의 골칫거리다.

· 문제아보다는 문제 부모가 더 치명적이다. 부모의 치료가 시급하다.

3) 주의 교양과 훈계로 양육하라(엡 6:4).
· 성경이 말하는 인생 목적과 삶의 방법을 적용하도록 가르쳐라.
· 말과 더불어 모범적인 삶으로 존경 받는 부모가 되어라.
· 하나님께서 주신 재능을 존중하여 진로에 협력자가 되어라. 자녀는 부모의 목표 달성자가 아니다.
· 부드러운 훈계와 지혜로운 교육 방법을 터득하여 평화로운 교육을 하라.
· 책망과 부정적 훈계보다는 기도와 칭찬과 격려의 생산적인 언어로 양육하라.

4) 자녀를 떠나 보내야 한다 - "사람이 그 부모를 떠나"(창 2:24).
· 부모와 자녀 사이는 30년의 세대차이다. 젊은이의 유행을 부모는 죄로 본다.
· 내 것이라는 소유 개념에서 벗어나 하나님의 것, 배우자의 것임을 알아야 한다.
· 부모 생일은 혹시 잊어도 배우자 생일과 결혼기념일은 잊

지 않도록 가르쳐야 한다.(괘씸한 일이지만 그럴 경우가 있을 지라도의 말이다. 자녀부부의 행복을 위해서다.)

· 자녀가 결혼한 이후는 과잉보호는 금물이다. 모든 것을 며느리에게 맡겨라.

3. 부모공경은 하나님의 명령

1) 부모에게 순종(엡 6:1)

· 즐겁게 해 드려라. 의복과 생필품 외에 용돈과 사탕과 과자 및 화장품, 향수, 립스틱 등 젊은이 용품이 필요하다. 마음은 언제나 젊다. (어머니날: 카네이션-희생적 사랑, 아버지날: 민들레-짓밟힐수록 번창, 순교적 사랑)

· 거역하지 말고(신 27:6) 오랜 경험과 축적된 지식을 계승받아 발전시켜라(잠 15:5).

· 건강을 잃고 경제력을 잃은 부모는 자녀들이 책임지고 모시며 보호하라.

· 효도는 후손이 잘되는 축복(신 5:16)이다. 축복을 약속한 계명은 4계명과 5계명이다.

· 가정=FAMILY...Father And Mother I Love You 이다.

2) 부모의 허물을 용서해 드려라(잠 15:20).

・부모와 형제로부터 마귀가 깃들일 상처를 입었다. 치유 받아야 한다. (내적 사랑과 외적 표현의 불일치에서 오는 오해를 해소하라.)

・십자가의 정신으로 부모 허물을 용서해 주고 또한 부모에게 잘못한 것을 고백하라.

・분쟁요인이 되는 유산 상속권이라면 포기하고 형제와도 화목하라.

3) 21세기 환경에서의 효과적 효도
 ① 생산적 고뇌를 주는 효도
・가정과 사업의 고충을 다 이야기하라. 무관심과 안일은 우리에게 지루함과 고독을 준다. 불신 부모에게도 기도제목을 주어 예수님의 이름으로 기도케 한다.

・기도 부탁을 하고 결과를 수시로 보고하여 자식의 직업과 손자의 장래 및 사역에 기도 동지가 되게 하라.

 ② 영혼구원에 최선을 다하라.
・"누구든지 자기친족 특히 자기 가족을 돌아보지 아니하면 믿음을 배반한 자요 불신자보다 더 악한 자니라(딤전 5:8)"란 말씀에 떨림을 가져야 한다.

・불신부모와 불신친척을 자기 집에 자주 초청하여 예수님을 영접할 기회를 제공하라. 필수과목이다. 천국에서 행복하게

사는 장래를 만들어 드려야 한다.
- 신자부모라면 불신 친척 구원에 사명감을 주어 친척 구원이 생의 직업이 되게 하라.

제 5 부

행복한 이유가 있습니다
(전북일보에 기고한 나의 이력서)

일본 탄압에 맞선 교회

나의 외할아버지는 서당에서 학생들을 가르치는 훈장이셨다. 예수님의 복음을 듣고 구원과 영생의 진리를 발견하신 후에는 말을 타고 다니면서 복음을 전하고 교회를 세우는 열정으로 아름다운 삶을 사시다 하늘나라에 가셨다고 한다. 집에서는 자녀들에게 성경을 암송하도록 하고 철저한 신앙훈련을 시키신 주원선 외할아버지를 뵌 일이 없지만 진리의 샘물을 발견하시어 우리 가문을 명예롭게 하신 분이다.

이 복음을 우리 어머니가 시집오실 때 가보(家寶)로 안고 오셨다. 우리 이씨 집안에 복음은 급속도로 확산되었다. 아버지는 장로가 되어 교회를 섬기는 일생을 사시다가 98세로 세상을 떠나셨고 일가친척 모두가 예수님을 섬기는 행복을 누릴 뿐 아니라 교회의 중직을 맡았고 성직자가 많이 배출되었다. 어머니의 끈질긴 가족 전도로 우상을 모르는 가문이 되었고 어두웠던 암흑시절에 개화된 가정으로서 많은 혜택을 누렸다.

따라서 나는 날 때부터 모태신앙인이 되었고 학교와 집 그리고 교회밖에 모르는 숙맥이 되었다. 신앙이라는 울타리에 갇혀 세상을 모르는 외톨이의 적막함을 견디어야 하는 어린 소년의 아픔도 있었다. 행복인 줄 모르는 어리석은 푸념이 다행히 반항으로 발전되지 않은 것도 하나님의 은총이었다. 그러나 그 신앙의 힘은 나도 모르는 사이에 목회자의 길을 가는 일생에 필수적인 요소를 형성시켜 주었다. 나는 그것을 목회자가 된 후에야 알았고 신앙의 부모님을 만난 행복을 감사했고 또 감사했다.

당시 기독교인에 대한 박해는 가혹했다. 신사참배 강요로 순교당하고 투옥되고 기독교 목사와 장로는 8월 17일에 모두 죽이려는 음모를 꾸미기도 하였는데, 하나님의 은혜로 이틀 전 해방을 맞는 신기한 도움도 받게 되었다. 나 자신도 장로가정의 자녀라는 이유로 초등학교를 삼수(三修)로 들어가야 하는 치욕을 겪어야만 했다. 우리 형님이 초등학교 재학 중에 온갖 치욕을 다 당하면서도 끝까지 신사에 절하지 않았기에 골칫거리의 동생을 쉽게 받을 수 없기 때문이었을 것이다. 그런 와중에도 교회는 참으로 민족사회에 큰 기둥이 되었다.

한글 말살운동을 집요하게 강행했는데도 교회는 해방되는 날까지 한글을 가르쳤다. 따라서 교회 다니는 아이들은 다 유식했다. 성경을 읽어 진리의 길을 걸었고 문명을 소개하는 한글 책자를 접할 수 있었다. 당시 용어로 선각자의 대열에 서 있게 된 것이다. 또 모든 애국지사들이 교회에 몰려 있었기 때문에 훌륭한 분들의 강연을 자주 들을 수 있었다. 그런 영향으로 나는 나이 어린 그 시절 애국심이 강한 소년으로 자랄 수 있었다. 당시 일본의 종교 탄압은 극도에 달했다. 그러나 온갖 간섭과 탄압에도 교회는 더 강해졌고 나라를 위한 기도를 뜨겁게 하면서 애굽에서 탈출시키신 하나님의 해방을 소망했고 살아계신 하나님이 계시기에 일본은 망한다고 확신했다.

나는 유년시절 다른 사람에 비해 과분한 행복을 누리며 살았다. 선조가 닦은 견고한 대로를 달리는 격이었다. 유족한 가정 형편으로 굶주림과 당시의 헐벗음도 피할 수 있었다. 무엇보다도 신앙의 좋은 유산을 누리며 살 뿐아니라 후손에게 이 보배를 유산으로 계승시키고 있다는 점에서 하나님께 감사할 뿐이다.

교통 사고

"백 명의 교장보다 한 명의 어머니가 낫다"는 교육 전문가의 말은 실감이 가는 말이다. 위인들의 배후에는 경건한 어머니나 현명한 아내가 있다는 흐뭇한 이야기는 참으로 부러운 말이다. 하지만 그 반대도 있다. 어머니는 훌륭한데 자식은 그렇지 못한 예외도 있다. 바로 내가 그런 경우다. 지금도 어머니만 생각하면 황송할 뿐이다. 어머니는 전혀 교육을 받지 못했다. 학교와는 거리가 먼 소녀였다. 그러나 훈장인 아버지가 서당에서 학생들을 가르치는 천자문을 어린 동생을 등에 업고 문 곁에서 들은 풍월로 열심히 배웠다고 한다. 한글은 성경을 보기 위해 자습해서 깨우쳤다. 비록 학교 교육을 받지 못했지만 어머니의 뛰어난 기억력과 성실함은 자녀들을 가르치기에 결코 모자람이 없어 존경스러울 뿐이다.

북한의 남침으로 나의 중학시절은 처참했다. 파괴와 숙청, 재산 몰수와 인민재판…. 공산주의는 하나님이 없다는 무신론 위에 세워졌기 때문에 하나님을 두려워하지 않는 저들에게는 양심도 없었다. 천신만고 끝에 전쟁은 휴전되고 다시 학교가 문을 열었다. 학생 신분을 회복할 수는 있었으나 교통이 문제였다. 태어나 장성한 마을 완주군 조촌면 용정리 369번지(구정마을, 현재는 전주시 편입)는 전주와의 거리가 12km에 달했다. 1935년 8월 1일생인 내가 29세로 고향 마을을 떠나기까지 이곳은 지금도 꿈속에 나타나는 정겨운 곳이기도 하다. 그러나 전주에 있는 신흥중학교를 가기 위해 이 먼 길을 걸어야만 했다. 왕복 거리이니 하루 60리(24km)를 걸어야만 했다. 당시는 기차나 버스 등 아무런 교통편이 없는 6.25전쟁 직후였다. 걷지 않고 쉽게 오가는 유일한 방법은 지나가는 트럭을 무법자처럼 올라타는 것이었는데 트럭을 잡아 타려다 실수하여 끔찍한 사고를 당한 기억은 지금도 잊을 수 없다. 그 날 나는 학교 수업이 끝난 후 당회장 목사님께 드렸던 누님 결혼기념 떡 빈 그릇을 찾았는데 양 손에 빈 그릇과 책가방을 들고 집으로 가던 중이었다. 마침 지나가던 트럭을 만나 올라타는 순간 발을 헛디뎠는지 미끄러졌고 바닥으로 떨어진 나는 짐을 잔뜩 실은 대형 트럭 바퀴에 깔려 들어가는 사고를 당하고 말았다. 순간 내 가슴을 힘 있게 누르는 압박을 느꼈다. 바로 경찰병원으로 실려 갔고, 병원입구에서 "이 학생 곧 죽는다"는 말을 들으면서 의식을 잃었다. 사람의 청각이 최후까지 남는다는 말을 그 때 체험했다. 그래서 나는 지금도 운명해가는 사람에게도 끝까지 회개하고 영접하도록 권면하는 '운명 전 전도'를 귀중히 여기고 있다.

이 아찔한 소식이 담임 선생님의 수고로 시골집까지 비보가 전해졌다. 대난리가 났음은 두 말할 필요가 없다. 그때 어머니는 놀라시지도 않고 방에 들어가서 한참동안 기도하고 나온 후 태연한 음성으로 이렇게 말씀하셨다고 한다. "우리 동휘 죽지 않습니다."

어머니는 몇 가지 짐을 챙겨 병원에 오셨다. 3개월 동안 기도로서 극진히 간호해 주셨고 그 덕분에 나는 상처 하나 없이 완전한 몸으로 퇴원하여 바로 복학할 수가 있었다. 육중한 트럭에 짓눌린 대형사고의 장본인이 이렇게 말끔히 회복되었다는 것은 성경에 나오는 하나님만이 하실 수 있는 기적이고, 그 기적의 은총은 우리 어머니의 믿음을 통로로 하여 내게 미친 것이다. 지금 천국에 계신 어머니는 기도의 사람이었고 말씀의 여성이었다.

어머니의 하나님을 위한 헌신은 대단하였다. 삼남매 모두를 신학교에 보냈는데 누님은 6.25 전쟁으로 마치지 못했고 나와 형님만이 성직자의 길을 걷게 되었다.

늦깎이 입학의 의미

국민학교 삼수로 겨우 입학한 나는 학교에 늦게 들어간 것이 '의미 있는 늦깎이'라 여기면서도 마음의 부담은 어찌할 수 없었던지 수치스런 감정을 떨치지는 못했다. 늦게 학교 들어간 것이 한이 되어 나의 네 자녀들은 초등학교 취학 통지서가 나오기 전에 모두 여섯 살에 미리 넣었다. 하나님은 이런 나의 마음을 아시고 보상해 주었다. 초등학교 2학년 때 월반 시험이 있었는데 합격하여 3학년을 넘어 바로 4학년이 되었던 것이다. 다행히 1년이 보충된 셈이다. 나라의 부름을 받아 군에 입대한 1957년 무렵은 휴전 직후였기 때문에 남아도는 군인을 소화시키는 것이 큰 문제였다. 이 때문에 대학생들에게는 복무기간 1년 반이란 특혜가 베풀어졌다. 특혜시비 때문인지는 몰라도 이 조치는 몇 년 만에 곧 취소되었는데 나는 첫 해에 이 혜택을 받았다. 만년 일등병으로 있다가 상병으로 진급하자마자 제대했고 남보다 빠른 시일에 복학할 수 있었다.

성경말씀에 "하나님을 사랑하는 자 곧 그 뜻대로 부르심을 입은 자들에게는 모든 것이 합력하여 선을 이루느니라"(롬 8:28)는 약속이 있다. 장로 아들로 누구나 다 가는 초등학교에 두 번씩이나 떨어지고 동생들 같은 어린 아이들과의 공부도 다 하나님의 섭리 때문이었다. 당시 초등학교 1학년 때는 신사당에 가서 참관만 하고 2학년 때부터는 신사참배를 시켰다. 만일 첫해나 둘째 해에 합격했다면 신사에게 절할지도 모르는 신앙적 변절자가 될 뻔한 것이다. 내 약한 의지를 아시는 하나님은 이 길을 피하도록 하셨고 뒤진 학업도 보상하여 주었다. 하나님의 세밀한 계획은 일생을 통해 이러한 방법으로 나를 후대해 주셨다. 그리스도인에게는 우연이란 것이 없다는 경험을 너무나 많이 했다. 필연만 있을 뿐이라는 믿음과 함께 나의 앞길을 그분께 안심하고 맡길 수 있는 여유를 갖게 되었다.

나는 성격이 매우 소심한 편에다 극히 내성적인 성품이어서 말수가 적었고 사람 만나는 것을 두려워했다.

사교성은 물론 없었고 여러 사람들과 자연스럽게 사귀는 친구들을 보면 참으로 부러웠다. 나의 장래는 큰 책방에서 책 파는 점원이 되었으면 하는 생각도 하였다. 얼른 책 팔고 구석에 앉아 한없이 책을 보았으면 하는 소원 때문이었다. 지도자가 될 소질은 도무지 없었고 우울증 걸릴 확률만이 다분히 있었다. 나는 나의 성격을 대단히 싫어하게 되었다. 목사는 교회 지도자로 과감함과 넓은 마음, 그리고 통솔력을 갖추어야만 한다. 이러한 내가 45년간 교회목사로서 큰 살림을 이끌어 왔다는 것은 "힘으로도 아니 되고 능으로도 아니 되고 오직 나의 신으로 되느니라"는 성경 말씀 그대로이다.

그때 소년시절과 지금의 나를 생각하면 두 가지 결론을 말할 수 있다. 하나님께서는 있는 그대로를 쓰신다는 사실이다. 나는 소심한 반면 조용히 앉아 책을 읽어 실력을 기르고 정성을 다하는 끈질긴 성격으로 이어지는 것을 경험했다. 차분히 앉아 지탱하는 지속적 노력이 나의 과중한 일들을 감당케 하였다. 나의 약점이라고 생각하는 그것도 하나님 안에 있을 때에는 문제가 되지 않음을 알았다. 뿐만 아니라 신앙생활은 성격을 변화시킨다는 사실도 깨달았다. 매사에 감사와 긍정적인 삶으로 내가 생각해도 놀랄 정도의 쾌활한 인생관으로 바뀐 것인데 참으로 큰 축복이다.

우리 형님

교회 은퇴의 해가 되는 칠십 세에 일찍 천국에 가신 우리 형님 이진휘 목사님은 내가 아주 어렸을 때 감동 넘치는 설교가로 나에게 큰 영향을 끼친 분이다. 설교에 있어서는 나의 멘토(정신적 지도자)이시다. 15세에 교회 집사가 되고 16세부터 설교가로 활동하여 46년 동안 한결 같이 목회의 길을 걷다가 군산 성광교회에서 사명을 마치시고 하나님의 부르심을 받았다. 유년 시절이지만 형님의 설교를 들으면 심장이 터지는 감격을 받게 되었고 생의 변화를 일으켰다. 10대에 능력 넘치는 설교로 타인의 마음을 사로잡는다는 것은 특별한 은총이었다. 나는 일생동안 이러한 설교를 하기를 원했고 또 사모하였다. 일주일의

식량 되기에 충분한 세포 속에 파고드는 설교가 이 시대에 재현되었으면 하였다.

　형님은 기도의 사람이었다. 매일 다섯 차례씩 기도하였고 능력의 원천을 파악하신 분이다. 우리 어머니가 하신 새벽과 낮 그리고 밤의 기도를 그대로 본받은 분이다. 그 기도를 다시 형님의 큰 딸 이미화 선교사가(벨리즈 선교사) 그대로 계승하였다. 아름다운 미모로 결혼할 수 있는 여건은 너무 좋았지만 모두 물리치고 일생을 처녀선교사로 지금 중미의 작은 나라에서 뼈를 묻을 각오로 선교 활동에 헌신하고 있다. 형님은 매일 성경을 신약 10장 구약 10장 도합 20장씩 읽는 가운데 경건생활을 풍성하게 유지하였다. 21세의 나이에 형님은 일본군에 강제로 징집당했다. 2차 세계전쟁에 끌려간 것은 사형 자체였다. 군대에 입영하는 날 주재소(파출소, 곧 지구대) 앞에 집결하여 일본순사(형사)가 지켜 보는 가운데서 구정리교회의 교인과 학생들과 더불어 힘있게 국기를 흔들며 찬송과 동요를 면 소재지가 떠나갈 정도로 불렀다. 평소에 소극적인 청년이 어디서 그런 힘이 솟아났는지 늠름한 자세로 하나님 찬양을 마음껏 불렀다. 악명 높은 순사들도 전쟁에 죽으러 갈 놈이니 하면서 방치한 것 같다.

　조선 청년들을 앞에 놓고 전쟁의 영웅이 되라고 흥분하여 연설을 한 뒤 순사부장이 출정하는 군인들에게 술 한 잔을 따라주는 순서가 되었다. 모두 굽실거리며 받아먹을 수밖에 없는 엄한 분위기였지만, 형님은 그것까지도 두 번이나 거절하는 용기를 보여주었다. 평소에 술을 입에 대지도 않은 신앙절개를 끝까지 지키고 싶어서였을 것이다. 일본의 총칼이 무서운 것은 사실이지만 더 높으신 하나님이 위에 계시다는 신앙은 형님을 오직 담대함으로 무장시켜 결국 하나님 보호의 대상이 되었다. 일본에 끌려갔지만 하나님의 은혜로 해방이 되어 살아 돌아왔다. 일본에 군인으로 있는 와중에도 성경을 읽고 기도하는 생활을 지속적으로 하였을 뿐 아니라 신사참배도 하지 않도록 지켜주시는 기이한 도움을 받아 성결을 유지할 수 있었다.

원칙에 충실하다 보니 고지식하고 융통성이 없고 타협을 모르는 목사로 개인적인 고달픔을 당하기도 하였다. 그러한 성실성으로 형님은 당시 기장교회로서는 도내에서 가장 큰 교회를 이루었고 모범적인 목회자상을 보여주었다. 개척교회에도 큰 관심을 보여 많은 교회를 세우는 일과 돕는 일에도 헌신적이었다. 후손으로 남은 육남매 모두 선교사와 목사 그리고 교회의 중직을 맡아 아름다운 모습으로 사회와 교회에 큰 공헌하는 모습을 보면서 인생의 승리자라는 박수를 보내고 싶다.

선교 바자회

1987년부터 전주안디옥교회에서는 바자회를 실시해 왔다. 어려운 사람들을 돕는다는 정성어린 마음으로 집안 용품들을 내놓으면 그것을 싼 값에 팔아서 도움이 필요한 사람들에게 선을 베푸는 아름다운 행사다. 이런 행사는 세계 도처에서 실시한다.

처음 시작할 때 기억이 선하다. 헌옷을 팔아 선교사역에 유익하게 사용하자고 제안했을 때 '한국같이 유행에 민감한 여성들이 헌옷을 사서 입겠는가' 라는 회의적 생각이 컸던지 그리 좋은 반응이 나오지 않았던 것이다. 그러나 선교적 협력 차원에서 믿음으로 시작했을 때 처음부터 대단한 결실을 거두었다. 예상외로 좋은 옷들이 쏟아져 나온 것이다. 첫날은 헌옷 코너에 많은 사람이 몰려 자신의 옷 뿐 아니라 어린 자녀들의 옷도 한 보따리씩 사가는 광경을 볼 때 흐뭇함이 넘쳤다. 첫날 산더미처럼 쌓인 의류들이 끝나는 날까지 그 부피가 줄어들지 않았다. 바자회에 신이 난 사람들이 행사 도중에도 계속 옷을 가지고 오기 때문이었다. 집안에 입지 않고 쌓아둔 옷들을 바자회를 통해 처치하는 경우도 많았다. 나는 바자회를 치르면서 '한국이 얼마나 부자나라인가' 생각하곤 했다. '바자회가 아니라면 헌옷 처리를 어떻게 했을까' 하는 생각도 들었다. 소규모로 시작한 것이 이제 해가 거듭할수록 확장되어 봄, 가을 두차례 각종 물품들을 다양하게 취급하는 바자회로 전국교회가 '배워 가는 바자회' 로 성장하게 되었다.

바자회 음식코너의 경우 특이하게 맛이 있다고 한다. 양심적으로 만들기 때문이요 좋은 재료를 쓰기 때문일 것이다. 값싸고 질 좋은 음식이라면 인기가 있게 마련이다. '안디옥찐빵' 이라고 불리는 이 가게는 항상 줄을 서야 한다. 통닭 역시 시중의 다른 어떤 가게에서도 맛볼 수 없는 독특한 입맛으로 사람들을 끌어당긴다. 신선한 기름을 사용함이 비결일 것이다. 여기서 우리는 '정성과 양심' 이라는 재료를 생각하게 된다.

한편 교인들이 자기 선교회별로 하는 행사이기 때문에 선교에 동참하는 뿌듯한 마음이 생길 뿐 아니라 큰 화합과 단결의 계기가 되기도 한다. 교회적으로도 이 3일간은 축제의 한마당이 된다. 불신자들도 아주 많이 방문하여 아주 좋은 교제가 이루어진다. 3일간의 봉사는 몸살을 앓게 되는 피곤한 중노동이지만 여기서 얻어지는 열매는 참으로 달콤한 열매라고 생각한다. 남은 옷은 외국의 가난한 나라에 보내기도 하고 어려운 사람을 돕기도 하는 등 부스러기 활용을 할 수 있기 때문에 열악한 처지에 있는 무리들에게 힘이 되어준다. 여기서 나온 이익금은 세계 곳곳에서 일하는 선교사들이 그 나라에서 꼭 필요한 사역을 위해 아주 긴요하게 사용된다. 그들의 무거운 재정적 짐을 덜어주는 데 바자회가 큰 몫을 감당하고 있는 것이다. 그래서 우리는 이 바자회를 '하늘나라 장날'이라고 부르기도 한다.

'티끌모아 태산'이라고 작은 것들이 모여 큰일을 해내는 이와 같은 행사가 또 있다. '좀도리 선교 저금통'이라고 하는 것이다. 좀도리 쌀을 모아 이 정성으로 선한 일에 가담했던 선조의 지혜를 이용한 것이다. 남녀노소 모든 교인이 주먹만한 저금통 속에 잔돈을 모아오면 이를 수금하여 가장 어렵고 긴요한 곳에 보내어 선한 일에 동참하는 일이다. 작은 값어치로 아무렇게나 취급 당하는 동전도 선한 목적을 위해 정성으로 뭉쳐질 때 보람된 일을 일구어 낸다는 생각을 깊이 하게 되었다. 형편없는 인간을 하나님의 자녀로 삼으셔서 값지게 사용해 주시는 신앙의 비결과 통하는 것이라고 생각해 본다.

그들이 행복한 이유

기독교의 핵심 교리 중의 하나가 중생(重生)이라는 '거듭남'의 진리다. 불량 청년이 마음잡고 건전한 생활로 돌아온 경우에 "그 사람 거듭났어!" 하는 행위의 변화 내지 개과천선(改過遷善)을 의미할 때도 이런 말을 쓴다. 그러나 기독교의 거듭남은 '본질적인 변화'를 말한다. 죄인이 의인이 되는 존재의 변화, 생로병사(生老病死)의 시한부 법칙에 매인 인간이 하나님의 생명을 전수받아 영원한 생명으로 영생할 수 있는 하나님의 자녀가 되고 천국백성이 되는 신비다. 그래서 그리스도인들은 하나님을 아버지라고 부른다.

중보자(中保者) 없이 자기 힘으로 득도(得道)하려는 종교들과 달리 기독교 신앙은 중보자인 예수님께서 인간의 죄를 대신해서 십자가에 죽으셨고 그 예수님을 믿는 자들에게는 모든 죄를 무조건 용서해 주시고 구원해 주신다는 진리를 믿으므로 전혀 새로운 사람이 되는 은혜의 종교다. 그런 까닭으로 목회를 하다보면 참으로 놀랄만한 일이 많이 일어남을 본다. 본질적인 변화가 하나님의 성령의 도우심으로 일어나기 때문에 인격과 생활의 경이로운 혁명이 가정과 삶 속에 많이 일어남을 본다.

목사는 사람을 치료하는 의사라 할 수 있다. 단 내 의술이 아니라 성령님의 치료를 받도록 안내해 줄 뿐이다. 죽음의 문제까지 해결받은 자들이기에 기독교인의 특징은 '감사와 희망과 희생적 삶' 이다.

가끔 교인들로부터 이런 말을 듣는다.
"목사님, 나 혼자만 행복한 것 같아서 죄송해요." "나보다 더 행복한 사람 있으면 나와 보라고 해요."
"이혼 직전에 있었는데 은혜 받고 이제는 재미있게 살아요."

싸움과 원망, 불평과 욕구불만으로 가득한 세상에서 확실히 이들은 별종들임에 틀림없다. 목사의 기쁨이 있다면 교인들이 진리를 깨닫고 인생의 방향을 제대로 정했을 때의 보람일 것이다. 어느 주일에 교인들이 드린 정성스런 예물 봉투에 이러한 글들이 적혀 있는 것을 보고 '신앙은 고매한 인격이다' 라는 생각을 했다.

"저희 가정의 평화를 다시 찾아주셨음을 감사합니다." "숨 쉬는 순간 순간마다 지키시고 인도하시고 사랑하심에 감사합니다." "눈을 떠 아침을 보게 하심을 감사드립니다. 숨을 쉬며 찬 바람을 맞게 하여 주심을 감사합니다. 오묘하신 말씀의 진리를 사모하게 하여 주시니 감사드립니다. 낮 동안에는 낮 동안의 어진 지혜를 주시고 어둠이 오는 동안에는 그 안에서 지혜를 지키게 하여 주옵소서. 아멘." "어찌하여야 그 은혜를 갚을 수 있을까요? 참 감사합니다. 모든 것에 감사합니다. 더 거룩한 욕심을 품고 나아갈게요."

이들은 평범한 주부들이요 학생이요 서민들에 불과하다. 교인 가운데 술꾼이고 여자관계도 그리 말끔하지 못한 어떻게 보면 바람둥이 같은 골칫덩어리였던 한 사람이 있었다. 그가 예수님 앞에 와서 회개하였고 그의 변화는 대단하여 얼굴 표정까지 달라졌다. 그의 딸은 "나는 우리 아버지 같은 남자에게 시집가겠다"고 말한다. 또한 그의 부인은 남편이 달라져서 천국생활을 하고 있음을 자랑스럽게 고백하고 있다. 이처럼 본질의 변화가 생활의 변혁을 가져오는 강한 힘을 나는 많이 보았다. 지금도 예수님은 많은 사람들을 치료하고 계심을 보고 있다.

해외 나가는 선교사

바울선교회는 1986년 전주에서 탄생된 토종 선교단체다. 현재 85개 국에 400여 명(2009년 1월 기준)의 선교사를 보낸 바울선교회는 국내 선교단체 가운데 중견 선교회로서 그 위치를 견고히 하고 있다. 선교사들은 아시아, 아프리카, 중동, 아메리카, 유라시아 등 세계 곳곳에서 '천국의 대사' 로서 또 '한국의 홍보자' 로서 국제적으로 큰 영향을 끼치고 있다.

외국에 나가 보면 한국이 경제적으로나 문화적으로 그리고 교육적인 부분에서 세계적인 수준에 와 있음을 실감할 수 있다. 종교적으로도 복음의 빚을 갚아야 한다는 차원에서 복음의 수출을 활발히 해야 할 때가 되어 이것을 감당할 만한 한국 기독교가 되었음을 감사한다.

그러면 꼭 선교사를 보내야 하는 이유가 무엇인가.

10년 전 아프리카에 간 일이 있었다. 선교사 집에 며칠간 머문 일이 있었는데 그 때 들은 한 현지인 가정부의 서글픈 이야기는 지금도 잊을 수가 없다. 아침에 출근해서 저녁에 퇴근하는 그 가정부는 점심 밥을 선교사 집에서 먹었다. 그런데 밥을 얼마나 많이 먹는지 배가 터질 정도였다. 선교사가 "왜 그렇게 많이 먹느냐"고 물었더니 "우리 동네와 집에서는 하루에 한 끼만 먹고 지낸다"고 털어놓았다. 가정부는 선교사 집에서 점심으로 배고픔의 고통을 해결할 수 있었으니 그나마 다행이었던 것이다. 그 마을 사람들은 밤 10시에 밥을 먹는데 그 이유는 잠자기 직전에 먹어야 배가 쉽게 꺼지지 않는다는 점 때문이었다.

　오래 전 우리나라에서도 비슷한 일이 있었다. 손자들이 땀을 뻘뻘 흘리며 장난치고 뛰어 다니면 할머니들이 "뛰어 다니지 마라. 밥 쉽게 꺼진다"며 뛰어 다니는 아이들을 나무랐다. 아침에 일어나 차 한 잔 마시고 일터에 나가는 사람들. 점심에는 물로 배를 채우고 집에 돌아와서도 밥을 바로 먹지 못하고 밤 늦게 먹는 처참한 현실이었다.

　아프리카 인구의 51%가 절대 빈곤이라고 한다. 절대 빈곤층은 하루에 한 끼만 먹는 부류다. 이들의 평균 연령은 38세 혹은 42~46세다. 한국여자의 평균수명은 82세다. 우리 수명의 반절 정도에 불과한 셈이다. 뿐만 아니라 아프리카는 에이즈로 인한 사망이 극심해서 어떤 나라들은 국민의 50%가 보균자라는 비극적인 통계가 있다. 또한 말라리아로 인한 고통과 사망도 참혹하기만 하다. 서부 아프리카는 옛날 선교사의 무덤이라고 불려졌던 곳인데 지금도 우리 선교사들은 일 년에 몇 번씩 말라리아와 싸우면서 사경을 헤매는 때가 많다. 극심한 가뭄으로 짐승들이 떼죽음을 당하는 등 재해가 극심한 대륙이기도 하다. 이런 나라에서 우리는 우물을 파주며 저들의 고통을 나누고 있다.

서남아시아에 간 일이 있었다. 다리가 하나 밖에 없는 장애인을 보았다. 그 이유를 선교사에게 듣고 너무나 가슴이 아팠다. 먹고 살기가 하도 어려웠던 그는 캄캄한 밤에 철로에다 한쪽 발을 얹어 놓았다. 결국 지나가는 기차가 다리를 절단했고 불구자가 된 그는 거지가 되었다. 구걸하게 되니 굶지않고 살아갈 수는 있게 됐다는 이야기다. 안타까운 참상들이다. 재해를 면키 위하여 자기 아들을 제물로 바치는 미개한 종족이 아직도 존재하는가 하면, 먹을 것을 얻기 위해 자식을 돈 받고 파는 이런 곳에 선교사는 얼마든지 필요하다. 또 다른 이유로 선교사가 세계 곳곳으로 나아가야 할 필요를 찾고 있다. 좌석보다는 입석으로, 다른 사람이 가지 않는 곳을 향하여 전진해 가는 바울선교사와 세계 모든 선교사들에게 하늘의 상이 크리라 믿는다.

선교사가 하는 일

예수님께서 세상에 오셔서 하신 일을 세 가지로 본다. "예수께서 온 갈릴리에 두루 다니시며 저희 회당에서 가르치시며 천국 복음을 전파하시며 백성 중에 모든 병과 모든 약한 것을 고치시니"(마 4:23). 예수님은 복음 전도와 가르치심 그리고 병든 자를 고치는 치료사역을 하셨다. 오늘 날 선교사가 모든 나라에 가서 하는 일은 이와 같은 사역이다. 한국에 온 선교사들도 이러한 업적을 남겼다. 진리를 가르치고 전도하여 교회를 세우고 학교를 세워 인재를 양성하며 교육수준을 높여주고 병원을 세우고 고아원과 복지사업을 크게 하였다.

오래 전 중남미에 갔을 때의 일이다. 어느 나라는 이혼율이 80%까지 도달하는 끔찍한 상황이었다. 아버지 얼굴을 모르고 자란 아이들이 수없이 많고 친부모의 따뜻한 사랑을 모르는 아이들의 장래가 참으로 험악함을 보았다. 마약에 빠지기도 하고 고아원에 수용되기도 하고 갱단의 유혹에 젖어들기도 한다.

세계 곳곳에 흩어진 모든 선교사역은 한국선교사가 아니면 안되는 일도 참으로 많다. 의료선교사로 나간 어떤 의사는 오지에서 병원을 시작하였다. 그곳 사람들은 평생 병원에는 한 번도 가본 일이 없는 산골 사람들이다. 의사의 치료를 받아 본 적이 없는 이 사람들은 시골에서 키우는 양귀비를 일상으로 사용하여 배가 아프거나 몸에 이상이 있을 때마다 사용했다. 양귀비 속 마약 성분이 일시적으로 몸의 이상증세를 호전시킬 뿐이었지만 그들은 치료된 줄 알고 남용한 것이다. 결국 대부분의 사람들이 마약 중독증을 앓는 심각한 상황에 놓여 있다. 이를 안타깝게 여긴 선교사들은 그들의 아픔을 같이 나누고 있다. 전기도 없는 지역이라 고열의 여름에도 그 모든 고통을 담당하는 것은 오직 예수님의 사랑에 감동된 소명 때문일 것이다. 어떤 의사 선교사는 환자가 위급한 상황에 놓였는데 수혈해 줄 사람을 찾지 못하자 자기의 팔에 주사 바늘을 꽂아 피를 그 환자에게 직접 수혈하면서 수술했다고 하는 기록이 있다. 극한 상황에서도 생명 하나 살리겠다는 고귀한 희생정신이 인류를 따뜻하게 해주고 있다.

안디옥교회에서는 주일 밤마다 세계 각 나라를 위한 중보기도 시간을 가진다. 선교회별로 헌신예배를 드리면서 나라 소개를 하는데 태평양 속의 인구 몇천 명밖에 되지 않는 지극히 작은 나라에도 복음이 속속히 들어갔음을 발견했다. 그리고 그 나라의 식인종들에게 먹히면서도 그들에게 생명의 복음을 전하고 또 그들을 높은 수준의 삶으로 인도한 선교사들을 생각해 볼 때 감격스러울 때가 많았다. 자기 남편이 식인종들에게 죽임을 당한 어떤 선교사 부인은 그 종족을 위해 일생을 바쳐 선교를 하였고 나중에 그 사실을 알게 된 식인종들에게 큰 변화가 일어났다는 눈물겨운 역사도 있다. 대사관이 없는 나라에도 선교사는 반드시 들어가 있다. 또한 방송국에서 각 나라의 풍속이나 역사를 소개하는 다큐멘터리를 만들 때에도 선교사의 도움 없이는 가능할 수 없을 정도로 가장 깊은 오지까지 찾아가는 선교사들의 개척 정신은 '십자가의 사랑' 아니면 할 수 없을 것이다. 선교사들처럼 나라의 명예를 세계만방에 높이고 또 국가에 유익을 끼치는 정신적인 외교관도 드물 것이다.

어떤 것이 더 손해일까?

목사로 일하다보면 꼬장꼬장 따지는 사람들을 만난다. 예수 믿어 별 특별한 것이 있느냐는 것이다. '예수 믿어도 밥 한 끼, 안 믿어도 밥 한 끼'라고 말하는 단순한 논리로부터 무신론 철학자들이 종교를 폄하하는 이론을 받아들여 종교는 아편이라는 악의 섞인 조롱까지 열거하는 다양한 사람들을 대하게 된다. '과학 만능시대에 답답하게 종교에 얽매여 사느냐'는 현실주의자들도 있다.

이들이 하는 말을 경청하여 예수 믿어 유익하지 못하다는 일곱가지를 정리해 보았다.

첫째, 예수 믿으면 먹고 싶은 것도 마음대로 먹지 못한다는 것이다. 즉 술, 담배를 못하게 된다는 것이다.

그 다음, 물질적으로 손해본다는 것이다. 교회에 바치는 헌금을 말한다. 더 나아가 자유가 구속돼 자기 마음대로 못하게 된다는 것이다. 어떻게 따분하게 성경진리대로 사느냐는 것이다. 뿐만 아니라 시간적으로 손해 본다는 것이다. 바쁜 세상에 교회에 가는 것은 귀중한 시간을 빼앗기는 어리석은 짓이라는 식이다. 참을 수 없는 것은 제사 드리지 않는 불효 종교라는 것이다. 그 뿐 아니다. 친구를 잃는다는 지적도 한다. 기막힌 술친구 멋있는 친구들이 멀어진다는 것이다. 마지막으로 예수 믿어도 행실이 별로라는 것이다. 예수 믿는 사람들도 똑같다고 말한다. 대략 일곱가지를 들어 따지려 든다.

예수님은 인류에게 절대적으로 유익함을 주셨고 생명까지 바치신 분인데 과연 손해보게 하셨을까? 이런 차원에서 간단하게 손익을 계산해 보는 것도 좋으리라고 생각한다.

첫째, 술을 마시고 담배를 피워야만 꼭 유익한 것일까? 모든 상품을 만드는 기업은 과대 선전을 하여 자기 제품이 훌륭하다고 추켜올린다.

그러나 담배갑 표면에는 끔찍한 경고가 붙은 채 생산되고 있다. "금연은 폐암 등 각종 질병의 원인이 되며 특히 임산부와 청소년의 건강에 해롭습니다. 금연하면 건강해지고 장수할 수 있습니다. 건강에 해로운 담배 그래도 피우시겠습니까?" 술 역시 옛날부터 패가망신의 주범이었고 이에 여러 선현들은 술의 해악을 경계하고 또 경고하였다. 특히 음주운전 단속을 철저히 하는데도 술을 끊지 못하는 것을 볼 때 마약의 도취라고 볼 수 있다. 기독교가 일찍이 금연 금주 운동에 적극적인 자세를 가진 것은 이 나라 국민 건강에 큰 몫을 차지했다고 보아야 할 것이다. 건강에 절대적으로 해로운 주초금지는 칭찬받을 만한 덕목이라고 생각한다.

둘째, 헌금 문제다. 오수교회에서 봉천 마을에 교회를 건축하고 있을 때였다. 지붕을 불란서식으로 하여 아름답게 지었다. 그때 동네노인들이 정자에 앉아 자기 동네에 고맙게도 좋은 교회당을 짓는다 하면서 무슨 돈으로 지을까 하더란다. 그때 한 노인이 말을 받아 하는 말이 "하기야 예수 믿는 사람들은 술 담배를 안 하니 그 돈만 모아도 지을 거야" 하더란다. 그 말을 들은 나는 바로 담배 값을 계산해 보았다. 요사이 '더원'이라는 담배가 잘 팔린다고 한다. 2,500원하는 이것을 하루에 두 갑 피운다면 5,000원이 든다. 100명이 1년 동안 피운다면 1억 8,250만원을 담배 값으로 소비한다. 그런데 100명 모이는 교회의 1년 예산이 이 담배 값의 반절정도 밖에 안 된다. 술값까지 계산한다면 이보다 훨씬 많을 것이다. 나는 이 때에 기독교인들이 얼마나 적은 헌금을 드리는가 하는 것을 깨닫고 부끄러워했다. 돈은 필요 적절한 곳에 쓰일 때 가장 가치가 있다 할 것이다.

셋째, '예수 믿으면 구속되는 일이 많아 자유를 잃게 된다'는 것이다. 그러나 예수님의 말씀은 "수고하고 무거운 짐 진 자들아, 다 내게로 오라. 내가 너희를 쉬게 하리라"(마 11:28) 또는 "그리스도께서 우리로 자유케 하려고 자유를 주셨으니 그러므로 굳게 서서 다시는 종의 멍에를 메지 말라"(갈 5:1)의 초청을 하신다. 재앙 받을까 두려워 손없는 날을 택하여 그믐에만 이사 간다든가 불안, 공포, 고독의 포로가 되어 자유를 잃고 방종에 몸을 맡기는 인간에게 참 자유를 선물하러 오셨다. 그래서 그리스도인들은 이런 찬송을 부른다. "주님 안에 있는 나에게 딴 근심 있으랴". " 나의 갈 길 다 가도록 예수 인도 하시니…"

넷째, '시간적 손실을 많이 본다' 는 것이다. 가뜩이나 바쁜 세상에 어떻게 한가하게 교회 가서 앉아 있느냐는 것이다. 시간은 흐르는 물과 같다 하겠다. 물을 떠다가 독약을 만들 수도 있고 갈증 난 사람에게 시원한 음료수로 대접할 수도 있다. 아침에 도를 들으면 저녁에 죽어도 좋다는 성현의 말을 빌려 보아도 예수님의 진리를 듣고 인생을 값지게 산다면 이보다 더 나은 시간 활용은 없을 것이다. 예배는 반성과 회개와 결단과 생의 방향설정 그리고 용기와 기쁨을 얻게 되는 재생산의 순간이자 소중한 기회인 것이다.

하나님께 예배드리는 시간보다 더 값진 일을 그 시간에 할 수는 없을 것이다.

다섯째, 제사 드리지 않는 '불효 종교' 라는 것이다. 기독교 효도는 살아계신 부모에 대한 효도다. 제사는 돌아가신 분에 대한 예법이다. 가가례(家家禮) 라고 집안에 따른 다른 예법을 동양성현도 말씀하셨다.

따라서 기독교에서 기일에 드리는 추도식도 그 추모의 예법이라고 봐야 한다. 제사는 우리 민족의 미풍양속(美風良俗)이라고 하지만 중국 수입품이다. 4300여 년 우리나라 역사에 제사 역사는 500년이다. 1000년 전에 유교가 들어왔지만 나라에서 일반 시민에게 제사를 권장치는 않았다. 척불숭유(斥佛崇儒) 정책을 쓴 조선이 당시 들어온 성리학 혹은 주자학이라는 제사를 숭상하는 유교를 권장하면서 제사를 대중화시킨 것이다. 교육적으로 덕을 기르도록 하는 정략적 의도도 있었다. 종교 중에서 가장 효도를 권장하는 종교는 기독교다. 왜냐하면 일반 종교의 효도는 도덕에 속한 것이지만 기독교에서 말하는 효도는 '계명' 즉 '법'으로 규정되었다. 법은 강한 구속력을 가진다. 그런 차원에서 기독교는 강력하게 효도를 강단에서 부르짖는다.

여섯째, 예수 믿으면 친구를 잃는다는 것이다. 그런 면이 있다. 반면 교회 안의 많은 신실한 새 친구를 얻게 되는 이점도 있다. 예수님 같은 분이 친구로 삼아 주시겠다고 약속하셨다. 교회 목사와 기도와 사랑으로 밀착된 신실한 신앙인이 새로운 많은 친구로 아름다운 공동체를 이룬다.

일곱 번째, 예수를 믿어도 별로 달라진 것이 없고 행실도 낙제점이라는 것이다. 이 부분에서는 우리 교우들이 죄송스러운 마음을 가진다. 채찍으로 받아들이는 바이다. 교회는 어떻게 보면 병원과 같다. 예수님께서 죄인들을 오라고 하셨고 병든 자에게 의원이 필요하다고 하시면서 아무나 다 오라고 하셨다. 그래서 올바른 삶을 사는 사람들만 모이는 곳이 아니라 냄새나는 뭇 인간 군중들의 모임이다. 일찍 변화 받은 사람도 있다. 그러나 중환자는 회복 기간이 오래 걸리는 것처럼 쉽게 변화 받지 못하는 사람도 있다. 이는 불량 학생 몇이 있다고 학교를 부정할 수 없는 이치라고 본다. 그리고 보면 예수 믿는 사람들은 참으로 행복하다고 할 것이다. 모두 이 행복에 참예했으면 한다.

믿음

우리 교회 교인들이 사회에 나가면 공격을 받고 비웃음을 많이 받는 것 같다. 그 이유 중 하나는 "하나님이 어디 있어? 너 하나님 봤어?" 하는 질문에 눈으로 본 일이 없기 때문에 적지 않게 당황되고 특히 아이들은 학교에서 따돌림을 받는 사례까지 있게 된다. "차라리 보이는 내 주먹을 믿으라"는 모욕을 당하기도 한다.

사실 이런식의 질문공세를 받다보면 혼란해지고 믿음이 흔들리기까지 한다. 목사 역시 안타까운 마음을 가진다.

영국에서 무신론자가 시골 목사를 괴롭힌 일이 있었다. "하나님이 있다면 나에게 보여 달라. 그럼 나도 믿으리라" 하면서 여간 괴롭히지 않았다. 참고 있었던 그는 어느 날 이런 편지를 보냈다. "선생님! 우리 한 번 만나서 이야기 합시다. 그날 오실 때 나는 하나님 계신 줄 알고 예수님 믿어 변화 받은 사람 100명을 데리고 나오겠습니다. 선생님도 선생님의 유명한 무신론 주장을 듣고 변화 받은 사람 100명을 데리고 오십시오. 만일 100명이 없다면 50명도 좋습니다. 그 수도 안 된다면 30명도 좋고요. 그래도 없다면 1명도 좋습니다. 그날 만나 뵙기 원합니다." 그러나 그 날 의기등등한 무신론자는 나타나지 않았다. 왜냐하면 무신론을 통해 변화 받은 사람은 한 사람도 없기 때문이다.

　사람의 지체 중에 눈 같은 보배가 없다. 하지만 눈처럼 불확실한 것도 없다. 멀리 있는 것은 잘 안보이게 마련이지만 가까운데 있어도 다른 물건이 가리고 있으면 보이지 않는다. 비슷한 것을 제대로 분간하지 못해 오판을 하고 눈병이 나면 눈이 제 기능을 잃을 수 있다. 사고로 시력을 잃어 시각장애인이 되면 세상만물을 하나도 볼 수 없게 되어 버린다. 만물을 볼 수 없다 해서 세상이 없다 할 수는 없을 것이다. 더군다나 생각이나 사상이나 사랑과 같은 귀한 정신세계의 것은 전혀 볼 수 없을 뿐만 아니라 영적 존재나 실체는 더더욱 볼 수 없다. 얼굴을 뚫어지게 보면서도 내 아들이 어떤 생각을 하는지 전혀 알 수 없는 것이 인간이다. 그래서 성경은 "마음이 청결한 자는 복이 있나니 저희가 하나님을 볼 것임이요"(마 5:8) 라고 말한다. 하나님을 믿는 마음, 죄 씻음의 변화된 마음으로만 신의 존재를 파악한다는 뜻이다. 귀와 눈과 입의 기능을 완전히 상실한 '헬렌 켈러' 같은 사람도 '하나님은 살아계시다' 하며 즐거운 삶을 살았다.

　어느 무신론자는 많은 청중이 모인 가운데 서서 "만일 하나님이 있다면 내기하자. 지금부터 하나님을 욕하고 5분을 기다릴 것이다. 그 안에 벼락이 떨어지면 하나님은 있는 것이고 그렇지 않으면 없다" 하면서 갖은 욕설을 퍼 부으며 모독했다. 드디어 5분을 기다렸고 벼락은 떨어지지 않고 멀쩡했다. 그 사람이 "봐라! 하나님은 없다"며 소리를 지르자 청중은 환호했다. 이때 어떤 할머니가 나타나 "선생! 질문 하나 해도 되나?" 하더니 이런 질문을 한다. 자녀가 있느냐 묻는다. 다섯 살 된 아이가 있다고 대답한다. "그럼 그 아이가 칼을 들고 와서 '아버지가 내 아버지라면 이 칼로 찔러 보세요' 한다면 아버지인 것을 증명하기 위해 아이를 찌를 것인가?" 하고 물었다. 정색을 하면서 "왜 내 자식을 죽이겠냐"라고 한다. "하나님도 마찬가지요. 당신을 창조한 아버지가 된다오. 철모르는 당신을 계속해서 기다리신다오. 수욕을 당하면서도…."

"어리석은 자는 그 마음에 이르기를 하나님이 없다 하도다"(시 14:1).